新疆维吾尔自治区
城市运行管理服务平台
建设应用案例

新疆维吾尔自治区城市运行管理服务平台建设应用案例编委会 编著

清华大学出版社
北 京

内容简介

本书以克拉玛依市城市管理信息化建设成果为基础，融合了新疆维吾尔自治区其他地州市的建设成果，从"智慧城管建设""智慧市政建设""智慧社区(小区)物业建设""智慧体检建设""智慧工地建设""历史文化名城名镇名村建设""云存储建设"七个方面，以建设案例的形式，全面而详细地介绍了自治区城市管理信息化建设成果。

本书适于从事城市信息化建设工作的政府工作人员、从事这方面研究的科研人员及各大专院校涉及与此相关专业的在读学生参阅。

本书封面贴有清华大学出版社防伪标签，无标签者不得销售。
版权所有，侵权必究。举报：010-62782989，beiqinquan@tup.tsinghua.edu.cn。

图书在版编目(CIP)数据

新疆维吾尔自治区城市运行管理服务平台建设应用案例/新疆维吾尔自治区城市运行管理服务平台建设应用案例编委会编著．—北京：清华大学出版社，2023.6
ISBN 978-7-302-63574-1

Ⅰ．①新… Ⅱ．①新… Ⅲ．①城市管理—管理信息系统—建设—新疆 Ⅳ．① F299.274.5

中国国家版本馆 CIP 数据核字 (2023) 第 087415 号

责任编辑：王　军
封面设计：周晓亮
版式设计：孔祥峰
责任校对：马遥遥
责任印制：朱雨萌

出版发行：清华大学出版社
　　　　网　　址：http://www.tup.com.cn，http://www.wqbook.com
　　　　地　　址：北京清华大学学研大厦A座　　邮　编：100084
　　　　社 总 机：010-83470000　　邮　购：010-62786544
　　　　投稿与读者服务：010-62776969，c-service@tup.tsinghua.edu.cn
　　　　质 量 反 馈：010-62772015，zhiliang@tup.tsinghua.edu.cn
印 装 者：天津鑫丰华印务有限公司
经　　销：全国新华书店
开　　本：170mm×240mm　　印　张：11　　字　数：198千字
版　　次：2023年6月第1版　　印　次：2023年6月第1次印刷
定　　价：59.80元

产品编号：102085-01

编委会

主　　任　甘昶春、李宏斌

副 主 任　周江、木塔力甫·艾力、马天宇、周小三、霍懋敏

审　　核　马继明、陈本斌、于秀强、胡广慧、张宏震、王宁、张广文、崔博、
　　　　　刘玉红、李岩、黄刚、张宝源、廖帆、戴震坤

主　　编　史胜波

副 主 编　何锋、郑学兵、于超、张骏温

统　　筹　王世贵、古丽拜尔·买买提、杜立敏、吴雷、巴音巴特、李鑫、
　　　　　刘彦荣、卢明光、朱建国、韩悦、柳杨、戎菲、樊明帅、王飞、
　　　　　马军红

编 辑 组　史海涛、蒲晓、魏燚伟、李张美智、冷艳梅、郭爽、边玲燕

核　　校　朱东晴、何莲英、王文浩、王梦颖、相茏峰、罗昕、王馨、韩志国

序

日常生活中，常会遇到一些词汇，虽然几乎天天提到，但是要问其确切含义，却又说不清楚。"城市"就是这样一个词。互联网上对这个词的解释非常多，本人比较认可的一个是："城市是一个大型的人类聚居地。它可以被定义为一个永久的、人口稠密的地方，具有行政界定的边界，其成员主要从事非农业任务。城市通常拥有广泛的住房、交通、卫生、公用事业、土地使用、商品生产和通信系统。"既然是人类的聚居地，而且还是人口稠密的地方，那么在这个区域内，就必然有着与人的生活存在直接或间接、必然或偶然联系的各类事物。这些事物涵盖了人的吃穿住行、生老病死的所有方面。因此可以说，有城市，就必然会有城市管理。

城市的出现是人类文明形成的标志。但是，在过去几千年的漫长岁月中，城市管理都是自发的、非系统的、支离破碎的。直到18世纪末19世纪初，英国才出现了负责城市中道路、治安、街灯、公共卫生和其他市政工程的机构。以此为标志，系统性的城市管理具有了雏形。

第二次世界大战以后，城市化浪潮在全球兴起，城市以及大城市、超大城市的数量急剧增加，城市人口规模也在同步增加，这给城市管理带来了巨大挑战。传统的管理方式已经不能适应现代城市管理的需求，迫切需要一种先进的管理理念做指导、高科技成果做支撑的现代管理方式。目前的科技发展正适应了这种需求，因此，把当前最新的科技成果应用到城市管理中便称为一件水到渠成的事。

本世纪以来，云计算和大数据技术的兴起和快速发展，给社会生活的方方面面都带来了巨大的改变和进步。物联网的理论和技术不断成熟，人工智能则迎来了第三次发展高潮，其最新成果令人震惊炫目。近年来，作为移动互联网技术的新成果，5G技术的正式运行更是给前述各项新技术新成果的应用提供了坚实的基础。正是在5G网络的支撑下，万物互联、无人驾驶等新理念、新技术才得以实现。

在这样的大背景下，以最新城市管理理论为指导，融上述"云、大、物、智、移"诸成果于一身的"城市运行管理服务平台"应运而生。城市运行管理服务平台是我国城市管理信息化建设三个发展阶段的第三阶段，在此之前，还经历了"数字城管"和"城市综合管理服务平台"两个阶段。这三个阶段从内容上看，是层层递进，向着更加人性化、更加智能化的方向不断完善的。

新疆维吾尔自治区作为国内第一批数字城管建设试点，其城市管理信息化的建设步骤与中华人民共和国住房和城乡建设部(以下简称"住建部")的步骤一致，也经历了数字城管、城市综合管理服务平台和城市运行管理服务平台三个阶段。2021年年底，新疆维吾尔自治区住房和城乡建设厅(以下简称"住建厅")全面开展了城市运行管理服务平台建设，并以平台建设为抓手，全面推动数字技术与自治区住建事业深度融合，大力建设宜居城市、绿色城市、韧性城市、智慧城市、人文城市，加快构建"数据全共享""应用全融合""业务全覆盖"和"过程全监管"的"数字住建"新框架，努力完成新疆住建行业"3+5+3"数字化体系建设。其中，"3"是3个业务应用体系(智慧建筑业、智慧城乡建设管理、智慧住房)，"5"是5个基础支撑平台(信息资源一清单、应用支撑一系统、住建数据一中心、工作管理一门户和时空信息动态一张图)和"3"个辅助服务体系(住建信息采集与检测感知、综合管理与决策、"互联网+民生服务")。最终推进实现与相关部门"横向"衔接、与住建系统"纵向"衔接，实现政府运行"一网协同"。

克拉玛依市城市管理信息化建设走在了全疆前列，也是新疆维吾尔自治区开展城市管理信息化建设最早的城市之一，在这方面取得了非常大的成就，积累了较为丰富的经验。正是在这样的背景下，新疆维吾尔自治区住建厅以克拉玛依城市运行管理案例为基础，同时汇集了乌鲁木齐、克拉玛依、哈密、吐鲁番、塔城、和田、阿克苏、昌吉、奎屯、温宿、伊宁、富康、布尔津等13座城市案例，以供各地借鉴，从而将平台建设向更深层次推动，并将建设成果向外介绍、宣传出去。

本书概括了城市运行管理服务平台发展情况，并从"智慧城管建设""智慧市政建设""智慧社区(小区)物业建设""智慧体检建设""智慧工地建设""历史文化名城名镇名村建设""城市运行管理服务平台存储"七个方面，全面而详细地介绍了自治区城市管理信息化建设成果。

本书的出版，对于新疆维吾尔自治区城市管理信息化建设事业具有重大的意义，对于全国城市运行管理服务平台建设具有积极的示范作用。

中国科学院深圳先进技术研究院院长

樊建平

2023.1.13

前 言

现代信息技术是推动城市持续发展的强大动力,自2004年网格化城市管理模式的应用与推广,到2017年城市综合管理服务平台的提出与探索,再到2021年城市运行管理服务平台建设的全面实施,经过近二十年的探索与实践,现代信息技术在城市治理中的地位与作用越来越突出,对推动城市管理手段、管理模式、管理理念创新,促进城市高质量发展具有重要意义。

2019年11月,习近平总书记在上海考察时指出:"要抓一些'牛鼻子'工作,抓好'政务服务一网通办'、'城市运行一网统管',坚持从群众需求和城市治理突出问题出发,把分散式信息系统整合起来,做到实战中管用、基层干部爱用、群众感到受用。"中华人民共和国住房和城乡建设部(以下简称"住建部")加大了城市运行管理服务平台建设力度,以"城市运行管理一网统管"为目标,围绕"城市运行安全高效健康,城市管理干净整洁有序、为民服务精准精细精致",以物联网、大数据、人工智能、5G移动通信等前沿技术为支撑,整合城市运行管理服务相关信息系统,汇聚共享数据资源,加快现有信息化系统的迭代升级,不断加强对城市运行管理服务状况的实时监测、动态分析,统筹协调、指挥监督和综合评价,全面加快了城市运行管理服务平台建设,努力建设国家、省、市三级平台互联互通、数据同步、业务协同、共同构成全国运管服平台"一张网"。2023年年底前,所有省、自治区建成省级城市运行管理服务平台,地级以上城市基本建成城市运行管理服务平台。2025年年底前,"城市运行管理一网统管"体制机制基本完善,城市运行效率和风险防控能力明显增强,城市科学化、精细化、智能化治理水平大幅提升。

新疆维吾尔自治区的城管信息化建设经历了三个阶段。

2008年,新疆维吾尔自治区成为第一批数字城管建设试点地区,正式开始数字城管的建设。

2016年11月,新疆维吾尔自治区党委、自治区人民政府印发了《关于深入推进城市执法体制改革改进城市管理工作的实施意见》(新党办发〔2016〕53号),成为城市综合管理服务平台建设开始的标志。

2021年11月，新疆维吾尔自治区住房和城乡建设厅(以下简称"住建厅")正式启动了城市运行管理服务平台建设。

住建厅在满足国家城市运行管理服务平台建设要求之上，借鉴了上海精细化管理、杭州城市大脑、北京党建引领基层治理等成熟经验，按照"省带市县"的建设模式，在省级平台以及市级(地州市级)平台建设方面融合了地方特色；在行业应用系统方面，重点突出了智慧物业、智慧社区、智慧工地等方面建设；在运行监测系统建设方面，重点加强了智慧市政建设，对城市运行风险进行识别、评估、管理、监测、预警、处置，实现城市运行全生命周期监测管理；在综合评价系统方面，重点与城市体检、城市评估工作有机结合，突出对城市实施评价分析。平台建设完成后，实现了市级(地州市级)、县(市、区)、街道、社区、小区(物业)六级全覆盖应用体系。

克拉玛依市是新疆维吾尔自治区数字城管建设起步较早的城市。2007年，克拉玛依市克拉玛依区根据《数字化城市管理信息系统》相关标准，建成了克拉玛依区数字城管信息化管理平台。2020年，克拉玛依市按照住建部印发的《城市运行管理服务平台建设指南(试行)》及相关技术标准，从指挥协调、数据汇集、数据转换、行业应用、公共服务等方面加强了城市综合管理服务平台建设。2021年，克拉玛依市按照住建厅关于城市运行管理服务平台建设的要求，重点加强了智慧社区、智慧市政、智慧城管等相关系统建设，建成了城市运行管理平台。克拉玛依市由此成为全疆第一个与住建部、住建厅两级的城市运行管理服务平台实现联网的城市。克拉玛依市的城管信息化建设成果得到了住建厅的高度评价，并先后两次召开了现场培训会介绍相关经验做法。

为向全疆介绍城市运行管理服务平台建设经验，本书对国内外城市管理信息化建设情况进行了梳理概括，并以克拉玛依市的案例为基础，汇集了"智慧城管""智慧市政""智慧社区""智慧体检""智慧工地""历史文化名城名镇名村"等案例，为各城市运行管理服务平台建设提供参考借鉴。

本书的编著得到了住建厅甘昶春书记、李宏斌厅长、周江副厅长、木塔力甫·艾力副厅长、原副厅长级干部马天宇，以及马继明、陈本斌、于秀强、胡广慧、张宏震、王宁、张广文、崔博、刘玉红、李岩、樊明帅、王飞、马军红等同志的大力指导；还有克拉玛依市周小三常委、陈科萍常委、霍懋敏副市长、黄刚副秘书长，以及市住建局张宝源书记、廖帆局长、周仁杰副局长、张鹏副局长，以及姚斌、岳强、朱伟、余璇、郑戈、刘文录、汪大茂、郑海涛、邓志江；克拉玛依市原工信局李云局长、王辉副局长、徐祺副局长、兰天，市云计算产业园管委会罗炜主任、戴震坤副主任；克拉玛依区马生斌书记，李晓琴常委、杨成副区长、胡玉坤等同志的大力支持。感谢中国石油大学(北京)克拉玛依校区石油学院计算机系的张骏温、史海涛、蒲晓、魏燚伟、李张美智、冷艳梅、郭爽、边玲燕等老师，以及北京交通大学计算机学院的硕士研究生朱东晴、何莲英、王文浩、王梦颖、相茏峰、罗昕、王馨、韩志国等同学对本书资料的收集整理。中国电信集团有限公司克拉玛依分公司郑学兵、刘彦荣、卢明光、朱建国，克拉玛依天地图网格科技有限公司于超、韩悦、柳杨、戎菲等同志也为本书的出版付出了大量的心血。克拉玛依市城市综合服务中心与中国石油大学(北京)克拉玛依校区石油学院计算机系的老师以及北京交通大学计算机学院的学生共同参与完成了本书的编写工作，在此一并表示感谢。

城市管理是一个宏大的课题，智能化的城市运行服务平台又是一个新生事物，在其建设的过程中，会出现许多新概念、新需求，各种新技术也不断涌现，对于智能化的城市运行服务平台而言，还有一个不断吸收新技术、新成果，不断升级、更新的过程。

由于作者的水平有限，疏漏之处在所难免，在此，向广大读者致歉，同时欢迎大家指正。

新疆维吾尔自治区城市运行管理服务平台建设应用案例编委会

目 录

第1篇 城市运行管理服务平台综述

第1章 城市运行管理服务平台发展概况 ········· 2
- 1.1 国外城市治理体系概况 ········· 2
- 1.2 国内城市治理体系概况 ········· 4
- 1.3 全国城市运行管理服务平台建设 ········· 7
  - 1.3.1 全国城市运行管理服务平台发展背景 ········· 7
  - 1.3.2 全国城市运行管理服务平台发展历程 ········· 14
  - 1.3.3 全国城市运行管理服务平台建设特色亮点 ········· 17
- 1.4 自治区城市运行管理服务平台建设 ········· 19
  - 1.4.1 自治区城市运行管理服务平台发展背景 ········· 19
  - 1.4.2 自治区城市运行管理服务平台发展历程 ········· 20
  - 1.4.3 自治区城市运行管理服务平台建设的特色亮点 ········· 25
- 1.5 克拉玛依市城市运行管理服务平台建设 ········· 27
  - 1.5.1 克拉玛依市城市运行管理服务平台发展背景 ········· 27
  - 1.5.2 克拉玛依市城市运行管理服务平台发展历程 ········· 28
  - 1.5.3 克拉玛依市城市运行管理服务平台建设特色亮点 ········· 29

第2篇 城市运行管理服务平台系统建设

第2章 智慧城管建设 ········· 42
- 2.1 自治区城市运行管理服务平台智慧城管建设概况 ········· 42
  - 2.1.1 建设背景 ········· 42

2.1.2 建设内容·································43
　　　2.1.3 智慧城管、智慧社区(小区)、智慧市政系统之间交互··········49
　2.2 案例汇编·······································49
　　　2.2.1 克拉玛依市智慧城管建设·····················49
　　　2.2.2 塔城地区智慧城管建设······················54
　　　2.2.3 阜康市智慧城管建设·······················56
　　　2.2.4 奎屯市智慧城管建设·······················60

第3章 智慧市政建设·································62
　3.1 自治区城市运行管理服务平台智慧市政建设概况···········62
　　　3.1.1 建设背景··62
　　　3.1.2 建设目标··65
　　　3.1.3 建设内容··65
　3.2 案例汇编·······································69
　　　3.2.1 乌鲁木齐市智慧供热、智慧水务、智慧公园建设··········69
　　　3.2.2 克拉玛依市智慧水务、智慧供热、智慧燃气、智慧照明建设··78
　　　3.2.3 和田市智慧燃气、智慧水务建设····················87
　　　3.2.4 阿克苏市智慧燃气建设·······················90
　　　3.2.5 昌吉市智慧燃气建设························90
　　　3.2.6 奎屯市智慧照明建设························90
　　　3.2.7 温宿县智慧燃气建设························93
　　　3.2.8 布尔津县智慧供热建设·······················93

第4章 智慧社区(小区)物业建设·························95
　4.1 自治区城市运行管理服务平台智慧社区(小区)物业建设概况·····95
　　　4.1.1 建设背景··95
　　　4.1.2 建设目标··98
　　　4.1.3 建设内容··98
　4.2 案例汇编·······································99
　　　4.2.1 乌鲁木齐市智慧社区(小区)物业建设················99
　　　4.2.2 克拉玛依市智慧社区(小区)建设··················102
　　　4.2.3 和田市智慧社区(小区)建设····················118
　　　4.2.4 阿克苏市智慧社区(小区)建设···················119

		4.2.5	昌吉市智慧社区(小区)建设	120
		4.2.6	奎屯市智慧社区(小区)建设	120
		4.2.7	伊宁市智慧社区(小区)建设	121

第5章 智慧体检建设 123

5.1 自治区智慧体检系统建设概况 123
5.1.1 建设背景 123
5.1.2 建设目标 126
5.1.3 建设内容 127

5.2 案例汇编 131

第6章 智慧工地建设 134

6.1 自治区智慧工地建设概况 134
6.1.1 建设背景 134
6.1.2 建设目标 136
6.1.3 建设内容 136

6.2 案例汇编 142
6.2.1 克拉玛依市智慧工地建设 142
6.2.2 哈密市智慧工地建设 144
6.2.3 喀什市智慧工地建设 145
6.2.4 和田市智慧工地建设 146
6.2.5 奎屯市智慧工地建设 146
6.2.6 伊宁市智慧工地建设 147

第7章 历史文化名城名镇名村建设 149

7.1 自治区城市运行管理服务平台历史文化名城名镇名村建设概况 149
7.1.1 建设背景 149
7.1.2 建设目标 150
7.1.3 建设内容 151

7.2 案例汇编 153
7.2.1 克拉玛依市独山子区历史建筑建设 153
7.2.2 伊犁州特克斯县历史文化名城保护、城市特色风貌塑造及生态文明城市建设 156

第8章 城市运行管理服务平台存储·····159

8.1 自治区城市运行管理服务平台存储情况·····159
8.1.1 建设背景·····159
8.1.2 建设内容·····159

8.2 案例汇编·····160
8.2.1 新疆政务服务中心健康码云业务·····160
8.2.2 新疆全民健康云平台·····161
8.2.3 克拉玛依市云存储·····161
8.2.4 吐鲁番市信创云桌面·····162

第1篇
城市运行管理服务平台综述

第1章 城市运行管理服务平台发展概况

"管理"是社会科学中最重要的分支之一,简言之,就是对组织进行科学的规划、管束和控制。事物本身的发展是充满偶然性的,为了让事态发展在人类的掌握之中,管理科学就发挥了重要作用。"城市管理"的概念也脱离不了管理本身的特质。城市管理,又称城市公共事务管理,是确保城市健康发展的前提和必要保证。城市的运行离不开管理,随着城市化进程加速和城市建设突飞猛进,城市管理被提升到一个十分重要和紧迫的地位。城市管理几乎涉及城市的每一个领域。城市管理的目的是,确保城市硬件设施发挥最佳效益,促进城市公共管理事务与城市经济、城市环境、城市人文景观全面、协调、可持续地发展,推动城市现代化进程和城市的繁荣。

1.1 国外城市治理体系概况

城市公共事务是与城市共生的。在相当长的一段时间内,它是自发的、非系统的、支离破碎的。历史上,以家族、宗教名义出现的公益事业管理曾起到了相当积极的作用,但是这种作用毕竟有限。在当时,政府管辖的公共事务是应急性的或局部性的,受益范围不大,系统和科学的城市管理更是无从谈起。

直到18世纪末19世纪初,英国城市中才开始出现负责道路、治安、街灯、公共卫生和其他市政工程的机构。从1835年起,英国各城市先后设立公路局、教育局、卫生局、公葬局、学生出国局等机构,城市管理事项正式列入了政府预算的议程。随着法国、美国等西方发达国家城市机构的不断完善,经过一百多年的努力,到20世纪初,这些国家的城市管理机构和城市管理法规基本自成体系,在"二战"后更加完善。

20世纪60年代，麦克哈格提出了一种地图分层叠加制图系统，即利用GIS，在地图上首先标示出具有重要生态特征或者建筑条件限制的区域(如湿地、基本农田、溪流、斜坡等)，然后根据这些标示出的区域，合理地安排城镇的布局以及建筑、交通、基础设施的位置和分布。这种保护性规划方法有助于识别可持续开发的区域和不可持续开发的区域，可以作为地方政府制定激励制度、土地管理条例和政府购买计划的参考。此外，土地开发权购买、转移等信息也可通过GIS记录下来，从而大大加强土地管理和控制的有效性、科学性，达到高效进行城市治理的目的。

20世纪90年代末，兴起了旨在促进城市智慧化转型的"精明增长"(Smart Growth)和"智慧社区"(Smart Community)运动。一时间，城市治理体系的相关实践应用风靡全球，如美国联邦政府发布的《白宫智慧城市行动倡议》、新加坡的"智慧国家2025"计划、日本的"i-Japan"战略等，相关研究也迸发出生机活力。

近年来，数字化已全面融合渗透到城市经济社会生活的各个领域，对加强和创新城市治理的引领作用逐步增强。国际发达城市都在积极推进数字化治理，并取得了较大进展。2020年10月，上海社会科学院信息研究所和复旦大学智慧城市研究中心联合发布《全球智慧之都报告(2020版)》(见图1-1)，将全球20个智慧城市分为"引领型""先进型""追随型"三种类型。其中，"引领型"城市3个，包括伦敦、纽约市和新加坡，在城市治理的各个方面几乎都保持领先地位，成为全球其他城市的榜样。

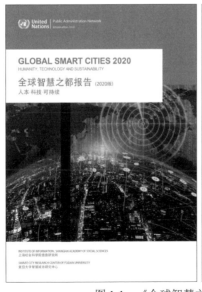

图1-1　《全球智慧之都报告(2020版)》

1.2 国内城市治理体系概况

城市是人民美好生活的家园,是落实新发展理念、实现高质量发展的主要载体。随着我国城市的快速发展,城市的治理问题逐渐成为焦点,习近平总书记曾指出:"推进国家治理体系和治理能力现代化,必须抓好城市治理体系和治理能力现代化。"

在历史文化维度上,我国当前的城市治理模式受到社会主义国家发展模式和以儒家文化为核心的传统文化的共同影响;在文明再创造的维度上,我国的城市治理体系建立在改革开放的历史性决策之上,受以全球化为引擎的"城镇化—工业化"进程的地方演化的影响,"前现代""现代""后现代"在大流动时代交错、融合,由此形成了多种多样的地方治理结构和治理状态。

当前,新一代信息技术日新月异,为推动城市治理的创新发展提供了重要支撑,使实现城市治理的智慧化成为了可能。新一代信息技术颠覆式创新应用,不断打破在时间和空间上的限制,促进城市治理理念、治理内容、治理方式的变革。城市治理能力已成为信息时代衡量城市综合竞争力的重要体现。如今,以"互联网+"为核心的运行体系正在重构社会生产生活方式,不断突破物理世界在时间和空间上的限制,推动人类活动空间从物理世界快速向虚拟空间延伸。中国共产党第十八次全国代表大会(以下简称"党的十八大")以来,习近平总书记以对新一轮科技革命和产业变革的高度敏锐性和深刻洞察力,多次强调要发展数字经济,并就发展数字经济发表一系列重要论述、阐明一系列创新观点、作出一系列战略部署。2016年,习近平总书记在主持十八届中央政治局第三十六次集体学习时强调,"世界经济加速向以网络信息技术产业为重要内容的经济活动转变",要"做大做强数字经济,拓展经济发展新空间";在二十国集团领导人杭州峰会上,习近平总书记首次提出发展数字经济的倡议,推动制定《二十国集团数字经济发展与合作倡议》(见图1-2),为世界经济注入了新动力。2017年,习近平总书记在主持十九届中央政治局第二次集体学习时强调,"大数据是信息化发展的新阶段","要构建以数据为关键要素的数字经济""推动实体经济和数字经济融合发展""加快建设数字中国"。2018年,在全国网络安全和信息化工作会议上,习近平总书记强调:"信息化为中华民族带来了千载难逢的机遇""网信事业代表着新的生产力和新的发展方向""要坚定不移支持网信企业做大做强,加强规范引导,促进其健康有序发展";在2018年年底的中央经济工作会议上,习近平总书记强调要加快5G、人工智能、工业互联网等新型基础设施建设。2019年，习近平总书记在致2019中国国际数字经济博览会的贺信中指出，"数字经济蓬勃发展，深刻改变着人类生产生活方式，对各国经济社会发展、全球治理体系、人类文明进程影响深远"，强调"中国高度重视发展数字经济""积极推进数字产业化、产业数字化，引导数字经济和实体经济深度融合，推动经济高质量发展"。2020年，习近平总书记在中央财经委员会第七次会议上强调，要"加快数字经济、数字社会、数字政府建设，推动各领域数字化优化升级，积极参与数字货币、数字税等国际规则制定，塑造新的竞争优势"。2021年，习近平总书记在致世界互联网大会乌镇峰会的贺信中指出，"数字技术正以新理念、新业态、新模式全面融入人类经济、政治、文化、社会、生态文明建设各领域和全过程，给人类生产生活带来广泛而深刻的影响"，要"激发数字经济活力，增强数字政府效能，优化数字社会环境，构建数字合作格局，筑牢数字安全屏障，让数字文明造福各国人民"。习近平总书记的一系列重要论述，紧密结合世界科技革命和产业变革大势，立足我国发展实际，深刻揭示了数字经济发展趋势和规律，科学回答了"为什么要发展数字经济、怎样发展数字经济"的重大问题，为指引我国数字经济发展提供了根本遵循和行动指南。我们必须对此认真学习领会、准确理解把握、科学加以运用，从而推动数字经济与各行业、各领域深度融合，抢占未来数字经济发展制高点。

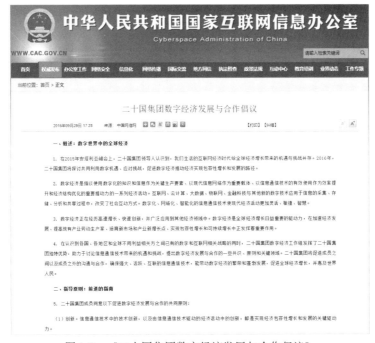

图1-2 《二十国集团数字经济发展与合作倡议》

中国共产党中央委员会(以下简称“党中央”)高度重视发展数字经济，将其上升为国家战略。中国共产党第十八届中央委员会第五次全体会议(以下简称“党的十八届五中全会”)提出，实施网络强国战略和国家大数据战略，拓展网络经济空间，促进互联网和经济社会融合发展，支持基于互联网的各类创新。中国共产党第十九次全国代表大会(以下简称“党的十九大”)提出，推动互联网、大数据、人工智能和实体经济深度融合，建设数字中国、智慧社会。中国共产党第十九届中央委员会第五次全体会议(以下简称“党的十九届五中全会”)提出，发展数字经济，推进数字产业化和产业数字化，推动数字经济和实体经济深度融合，打造具有国际竞争力的数字产业集群。党中央、中华人民共和国国务院(以下简称“国务院”)出台的《网络强国战略实施纲要》《数字经济发展战略纲要》《“十四五”数字经济发展规划》(见图1-3)从国家层面部署推动数字经济发展。在中国共产党第二十次全国代表大会(以下简称“党的二十大”)上，习近平总书记提出，“必须坚持科技是第一生产力、人才是第一资源、创新是第一动力，深入实施科教兴国战略、人才强国战略、创新驱动发展战略，开辟发展新领域新赛道，不断塑造发展新动能新优势”，“坚持教育优先发展、科技自立自强、人才引领驱动，加快建设教育强国、科技强国、人才强国”。我国数字经济发展较快、成就显著。根据2021全球数字经济大会的数据，中国数字经济规模已经连续多年位居世界第二，特别是新型冠状病毒感染疫情期间，数字技术、数字经济在支持抗击新型冠状病毒感染疫情、恢复生产生活方面发挥了重要作用。

国务院关于印发
“十四五”数字经济发展规划的通知
国发〔2021〕29号

各省、自治区、直辖市人民政府，国务院各部委、各直属机构：
现将《“十四五”数字经济发展规划》印发给你们，请认真贯彻执行。
国务院
2021年12月12日
（此件公开发布）

“十四五”数字经济发展规划

数字经济是继农业经济、工业经济之后的主要经济形态，是以数据资源为关键要素，以现代信息网络为主要载体，以信息通信技术融合应用、全要素数字化转型为重要推动力，促进公平与效率更加统一的新经济形态。数字经济发展速度之快、辐射范围之广、影响程度之深前所未有，正推动生产方式、生活方式和治理方式深刻变革，成为重组全球要素资源、重塑全球经济结构、改变全球竞争格局的关键力量。“十四五”时期，我国数字经济转向深化应用、规范发展、普惠共享的新阶段。为应对新形势新挑战，把握数字化发展新机遇，拓展经济发展新空间，推动我国数字经济健康发展，依据《中华人民共和国国民经济和社会发展第十四个五年规划和2035年远景目标纲要》，制定本规划。

图 1-3　《“十四五”数字经济发展规划》

为加快发展数字经济，国家发改委推出了建立健全政策体系、实体经济数字化融合、持续壮大数字产业、促进数据要素流通、推进数字政府建设、持续深化国际合作、统筹推进试点示范、发展新型基础设施八大举措；中华人民共和国住房和城乡建设部(以下简称"住建部")围绕加快发展数字家庭提高居住品质、推动智能建造与建筑工业化协同发展、推进基础设施数字化智能化建设和改造等重点，研究出台具体指导意见，推动住房和城乡建设领域数字化发展。新疆维吾尔自治区作为丝绸之路经济带核心区，发展数字经济意义重大，是全面贯彻新发展理念，以数字化培育新动能，用新动能推动新发展，以新发展创造新辉煌的战略选择。新疆维吾尔自治区住房和城乡建设厅(以下简称"住建厅")全面深入贯彻落实数字经济发展战略部署，坚持新发展理念，聚焦行业高质量发展，抢抓机遇利用新型数字化、网络化、智能化技术，加快构建"数据全共享""应用全融合""业务全覆盖"和"过程全监管"的"数字住建"新框架，完成新疆住建行业"3+5+3"数字化体系建设。具体目标包括："3"个业务应用体系(智慧建筑业、智慧城乡建设管理、智慧住房)，"5"个基础支撑平台(信息资源一清单、应用支撑一系统、住建数据一中心、工作管理一门户和时空信息动态一张图)和"3"个辅助服务体系(住建信息采集与检测感知、综合管理与决策、"互联网+民生服务")。同时推动数字技术与住建事业深度融合，加快示范项目建设、带动扩大有效投资，丰富数字技术在住建领域的应用场景，全面提升"数字住建"发展水平，实现精细化管理和治理方式创新，提升治理体系和治理能力现代化水平，转变城市开发建设方式，提升城市建设水平和运行效率，建设宜居城市、绿色城市、韧性城市、智慧城市、人文城市。实施新型城市基础设施建设改造，搭建集智慧市政、智慧社区、智慧城管等于一体的城市运行管理服务平台，实现智慧城市"一网统管"。夯实"数字住建"基础支撑能力，建设政务服务多媒体融合平台，深化"放管服"改革，推进全程网办，实现政务服务"一网通办"。对接自治区"数字政府"服务平台，优化再造业务流程，推进与相关部门"横向"衔接、与住建系统"纵向"衔接，实现政府运行"一网协同"。

1.3 全国城市运行管理服务平台建设

1.3.1 全国城市运行管理服务平台发展背景

我国作为一个世界人口大国，近年来经济发展速度逐步加快，农村人口逐步向城市迁徙，为城市的治理带来了一系列问题。在城市化进程的推动过程中，建设充满智慧的全国城市运行管理服务平台关系到人民的生活安定和社会的稳定。为保证经济社会的稳步前进，必须要不断推进城市的智慧化管理。到目前为止，我国的城市运行管理服务平台共经历了三个阶段，分别是数字城管阶段、城市综合管理服务平台阶段以及城市运行管理服务平台阶段。

"数字城管"模式随城市发展及城市管理工作的具体要求而产生并完善。数字城管的全称为数字化城市管理信息系统，指基于计算机软硬件和网络环境，集成地理空间框架数据、城市网格数据、城市部件数据、地理编码数据等多种数据资源，通过城市管理相关的多部门信息共享、协同工作，实现对城市市政工程设施、市政公用设施、市容环境与环境秩序监督管理的一种综合集成化的信息系统，如图1-4所示。

图1-4　数字城管模式

2003年5月，为解决传统城市管理存在的信息不及时、管理被动后置，政府管理缺位、专业管理部门职责不明、管理方式粗放、缺乏有效的监督和评价机制等弊端，北京市东城区的"东城区网格化城市管理系统"课题组开始研发数字化城市管理信息系统。2004年10月，"数字城管"新模式的原型系统——"东城区网格化城市管理信息平台"正式上线运行，如图1-5所示。

网格化管理模式通过整合多个城市管理相关政府部门的城管职能，创建了"监管分离"的新体制。面向城市管理的需求和业务流程，综合利用移动通信、地理信息系统、卫星定位系统和地理编码等高技术手段，基于"万米单元网格"，实现了城市管理对象部件和事件的标准化分类、编码和定位及其管理职能的确责、确权和量化绩效考核标准，建立了闭环的城市管理工作流程和科学的绩效评价体系，取得了显著的城市管理成效。

第1章 城市运行管理服务平台发展概况

图1-5 东城区网格化城市管理信息平台

2005年,"东城区网格化城市管理信息平台"得到了中央机构编制委员会办公室、国务院信息化工作办公室、中华人民共和国科学技术部(以下简称"科技部")、中华人民共和国建设部(以下简称"建设部")、中国共产党北京市委员会、北京市人民政府和多位资深行业专家的高度评价,被列为建设部"十五"国家科技攻关计划示范工程,并通过专家验收和北京市科学技术委员会的科技成果鉴定,被列为国家信息化示范项目、北京市信息化重大应用项目,且被建设部确认为"数字化城市管理新模式",开始在全国推广。自此,全国各地轰轰烈烈地开展了数字化城市管理建设。

虽然数字城管在使用现代技术解决城市管理问题方面发挥了重要作用,但依旧存在瓶颈和诸多问题。新一代信息技术的发展使得城市管理形态在数字化基础上推进智能化建设成为现实,因此,充分利用新一代信息技术的发展机遇,推动城市管理数字化转型和智慧化升级便提上了议事日程。为了解决数字城管下总体管理意识薄弱、数据共享应用不到位、便民利民服务缺乏、管理创新难以推进等问题,我国在2008—2015年进入了数字化驱动的城市综合管理阶段,开启了以政府职能转变为核心的新一轮行政管理体制改革,并开始探索城市综合管理服务平台的建设。

城市综合管理服务平台阶段的特点是：地方自主改革创新，数字城管和网格化管理新模式得到推广和初步普及。该阶段的标志性成果是建立了监督和指挥"双轴心"管理体制，应用了万米单元网格管理法和城市事、部件管理法。2008年7月，国务院在确定住建部"三定"方案时，决定将城市管理职责和管理体制的决定权交给地方城市政府，各城市政府依据本城市经济社会发展水平和实际情况，决定本城市管理部门的职权范围和管理体制。2011年5月25日，杭州市组建杭州市城市管理委员会(2019年1月更名为市城市管理局)，加挂市城市管理行政执法局(2019年1月更名为市综合行政执法局)牌子，如图1-6所示。杭州成为国内少数既实行管理与执法相结合的城市管理模式，又实现高位管理的城市。2011年7月1日，武汉市掀起以城市综合管理和文明城市创建为主要内容，为期三年的"城管革命"，迅速成为全国关注的焦点。2013年5月2日，武汉市成立武汉市城市管理委员会(现已更名为武汉市城市管理执法委员会)，加挂市城市管理行政执法局牌子。

图1-6　2011年5月25日，杭州市组建杭州市城市管理委员会

2015年12月20日至21日，中央城市工作会议于北京举行。会议指出，要统筹规划、建设、管理三大环节，提高城市工作的系统性。抓城市工作，一定要抓住城市管理和服务这个重点，不断完善城市管理和服务，彻底改变粗放型管理方式，让人民群众在城市生活得更方便、更舒心、更美好。要加强城市管理数字化平台建设和功能整合，建设综合性城市管理数据库，发展民生服务智慧应用。政府要创新城市治理方式，特别是要注意加强城市精细化管理。由此，全国城市运行管理服务平台的第三个阶段——城市运行管理服务平台的建设逐步提上日程。

2015年12月24日，中共中央、国务院发布《关于深入推进城市执法体制改革改进城市管理工作的指导意见》，如图1-7所示。这是新时期城市管理和执法的顶层设计。党中央明确，国务院住房和城乡建设主管部门负责对全国城市管理工作的指导地位。要求推进市县两级政府城市管理领域大部门制改革，整合市政公用、市容环卫、园林绿化、城市管理执法等城市管理相关职能，实现管理执法机构综合设置。文中还要求推进综合执法，重点在与群众生产生活密切相关、执法频率高、多头执法扰民问题突出、专业技术要求适宜、与城市管理密切相关且需要集中行使行政处罚权的领域推行综合执法。

图1-7 《关于深入推进城市执法体制改革改进城市管理工作的指导意见》

按照该文部署，到2017年年底，实现市、县政府城市管理领域的机构综合设置。到2020年，城市管理法律法规和标准体系基本完善，执法体制基本理顺，机构和队伍建设明显加强，保障机制初步完善，服务便民高效，现代城市治理体系初步形成，城市管理效能大幅提高，人民群众满意度显著提升。

2018年12月24日，全国住房和城乡建设工作会议在京召开。住建部领导全面总结了2018年住房和城乡建设工作，分析了面临的形势和问题，提出了2019年工作总体要求和重点任务。关于2018年的城市管理工作成绩，会议指出要深入推进城市管理执法体制改革，使城市管理服务水平不断提高。加快数字化城市管理平台建设和功能整合，继续开展"强基础、转作风、树形象"专项行动，加强城管执法队伍建设，推进规范公正文明执法。关于2019年的城市管理工作，会议指出要开展人行道净化和自行车专用道建设行动，推进生活垃圾分类处理，搭建城市综合管理服务平台。

2019年12月23日，全国住房和城乡建设工作会议在京召开。会议提出建立和完善城市建设管理和人居环境质量评价体系，促进城市高质量发展。扩大城市体检评估试点范围，建立"一年一体检，五年一评估"制度。推进绿色城市建设，建立绿色城市建设的政策和技术支撑体系。推进智慧城市建设，提高城市信息化、智能化管理水平。推进城市管理体系化建设，搭建城市综合管理服务平台。

2020年3月2日，住建部办公厅发布《关于开展城市综合管理服务平台建设和联网工作的通知》和《城市综合管理服务平台建设指南(试行)》(见图1-8)，决定在前期试点的基础上，全面开展城市综合管理服务平台建设和联网工作。

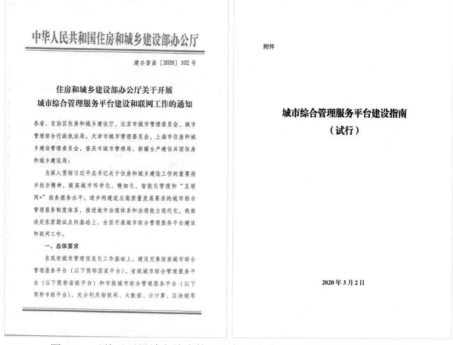

图1-8 《关于开展城市综合管理服务平台建设和联网工作的通知》和《城市综合管理服务平台建设指南(试行)》

2020年8月18日，住建部联合中共中央网络安全和信息化委员会办公室(以下简称"中央网信办")、中华人民共和国工业和信息化部(以下简称"工信部")等7个部门共同发布了《关于加快推进新型城市基础设施建设的指导意见》(见图1-9)，提出要加强智慧市政、智慧社区和城市综合管理服务平台建设，推进基于信息化、数字化、智能化的新型城市基础设施建设。2021年12月6日，住建部发布《城市运行管理服务平台技术标准》和《城市运行管理服务平台数据标准》两大标准，通过指导构建"横向到边、纵向到底"的城市运行管理服务工作体系，为规范国家、省级和市级城市运行管理服务平台建设和运行奠定基础。

图1-9 《关于加快推进新型城市基础设施建设的指导意见》

2021年12月17日，住建部发布《关于全面加快建设城市运行管理服务平台的通知》，决定在开展城市综合管理服务平台建设和联网工作的基础上，全面加快建设城市运行管理服务平台，推动城市运行管理"一网统管"。根据《通知》，2022年年底前，直辖市、省会城市、计划单列市及部分地级市建成城市运管服平台，有条件的省、自治区建成省级城市运管服平台。2023年年底前，所有省、自治区建成省级城市运管服平台，地级以上城市基本建成城市运管服平台。2025年年底前，城市运行管理"一网统管"体制机制基本完善，城市运行效率和风险防控能力明显增强，城市科学化精细化智能化治理水平大幅提升。

2022年1月21日，住建部发布《中国人居环境奖申报与评选管理办法》，明确申报城市需要达到"已建设城市运行管理服务平台"的标准。该标准体现了城市运行管理服务平台在人居环境建设中的重要性。

城市运行管理服务平台的建设阶段强调创新城市运行方式，从城市管理走向城市治理，整合审批服务执法力量下沉，加强基层社区治理；数字城管向智慧城管升级，走向"一网统管"。该阶段的标志性成果主要有湖南省及厦门经济特区、株洲市、孝感市等出台的"城市综合管理条例"。之后，杭州的"城市大脑"、上海市浦东的"城市大脑"也相继上线运行，成效显著。

当然，尽管数字化城市治理已然成为显著趋势，但从现阶段国内城市治理的现状来看，依然存在不少短板和不足之处。其中，较为迫切的包括国内城市治理数字化面临的顶层设计不强、城市数据融合和治理联动不够、智慧城市发展生态未形成等问题，需要有针对性地进行完善。

1.3.2　全国城市运行管理服务平台发展历程

1. 网格化城市管理模式的应用与推广（2004—2016年）

2004年，北京市东城区首创数字化城市管理模式，全国第一个数字化城市管理系统"北京市东城区网格化城市管理系统"正式运行。2005年，建设部召开数字化城市管理现场会，在全国推广数字化城市管理模式。2005—2007年，原建设部在全国开展三批数字化城市管理工作试点，并于2008年起全面推开数字化城市管理工作。经过十余年的发展，超过95%的地级以上城市依托网格化城市管理模式，建成了数字化城市管理系统。

网格化城市管理模式，是针对城市管理主体多、问题发现不及时、处置被动滞后等管理弊端，从管理方法、管理体制和管理机制等方面进行的重大变革与创新。

一是管理方法创新，建立了单元网格和部件事件管理法。将城市划分成若干个网格状单元，由专职的网格员实施全时段巡查，使得问题发现变得更加主动及时、责任更加明确。将城市管理对象分为城市部件和事件，通过拉网式普查，明确每个部件的名称、归属部门等信息，做到"底数清、情况明"；通过建立标准，明确所有管理对象的主管部门、权属单位、处置单位、处置时限和结案标准等，保障问题的准确派遣、快速处置，推动由粗放管理向精细管理转变。

二是管理体制创新，建立了"监管分离"的管理体制。建立高位独立的城市管理监督指挥中心，将监督职能和管理职能分开，避免任何涉及城市管理职能的部门和单位既当"运动员"又当"裁判员"，形成了依托监督指挥机构驱动专业部门和属地政府履职的长效机制。

三是管理机制创新，建立了闭环流程和绩效评价机制。设计了涵盖信息收集、案卷建立、任务派遣、任务处理、结果反馈、核实结案、综合评价的七步闭环流程，建立了主动及时的问题发现机制、责任明确的问题处置机制和长效的考核评价机制，改变了过去"发现问题靠投诉"的被动管理模式，实现了由被动型管理向主动型管理的转变。

十多年的实践证明，网格化管理模式的应用与推广，在高效处置城市管理各类问题、及时回应群众关切、提升城市精细化治理水平方面发挥了重要作用。在推进智慧科技赋能城市治理、全面加快建设城市运行管理服务平台的新阶段，网格化管理模式依然展现出强大的生命力，并且正向着更广泛的领域和范围，朝"一网统管"的目标稳步迈进。

2. 城市综合管理服务平台的提出与探索 (2017—2020年)

2015年，习近平总书记在中央城市工作会议上指出，抓城市工作，一定要抓住城市管理和服务这个重点，不断完善城市管理和服务，彻底改变粗放型管理方式，让人民群众在城市生活得更方便、更舒心、更美好。

住建部深入贯彻习近平总书记重要指示批示精神，紧紧围绕"管理"和"服务"两个重点，在数字化城市管理信息系统的基础上部署城市综合管理服务平台，依托平台实现对城市管理工作的统筹协调、指挥监督和综合评价，推动提升城市精细化管理服务水平。经过前期调研和试点，2020年3月，住建部办公厅印发《关于开展城市综合管理服务平台建设和联网工作的通知》和《城市综合管理服务平台建设指南(试行)》《城市综合管理服务平台技术标准》(CJJ/T312-2020，于2022年1月1日起废止)，要求各地在数字化城市管理系统的基础上，整合共享城市管理服务数据资源，拓展优化功能，建设完善国家、省、市三级城市综合管理服务平台，实现三级平台互联互通、数据同步、业务协同。

按照"边建设、边完善，先联网、后提升"的工作思路，国家、省、市三级加快推进城市综合管理服务平台建设和联网工作。2020年上半年，国家城市综合管理服务平台基本建成并开始试运行，50个城市平台与国家平台实现了联网互通。

3. 城市运行管理服务平台的建设实践 (2020年至今)

进入"十四五"时期，为深入贯彻党中央、国务院关于统筹发展与安全、加强城市风险防控的重要决策部署，住建部组织有关专家深入研究，在总结上海"一网统管"建设经验、部署城市综合管理服务平台的基础上，扩展"城市安全运行"有关内容，搭建城市运行管理服务平台，推动城市运行管理"一网统管"。

2020年8月，住建部联合中央网信办、科技部、工信部、中华人民共和国人力资源和社会保障部、中华人民共和国商务部、中国银行保险监督管理委员会等部门印发《关于加快推进新型城市基础设施建设的指导意见》(建改发〔2020〕73号),将"城市运行管理服务平台建设"列入新型城市基础设施建设六项重点任务之一(原"城市综合管理服务平台"与"城市安全平台"两项合并为"城市运行管理服务平台"),部署构建国家、省、市三级城市运行管理服务平台体系,推动城市运行管理"一网统管"。

2021年3月,《中华人民共和国国民经济和社会发展第十四个五年规划和2035年远景目标纲要》明确提出"完善城市信息模型平台和运行管理服务平台"的任务要求;2021年10月,《关于推动城乡建设绿色发展的意见》(见图1-10)将"搭建城市运行管理服务平台"列为重点任务;2021年12月,《"十四五"国家信息化规划》(见图1-11)"重大任务和重点工程"部分明确提出"完善城市信息模型平台和运行管理服务平台""推行城市'一张图'数字化管理和'一网统管'模式"的有关要求,并将城市运行保障系统建设纳入《"十四五"推进国家政务信息化规划》。这标志着搭建城市运行管理服务平台正式上升到国家战略意图的高度,成为各级政府的一项重要任务。

图1-10 《中共中央办公厅 国务院办公厅关于推动城乡建设绿色发展的意见》

图1-11 《"十四五"国家信息化规划》

2021年12月，住建部印发《关于全面加快建设城市运行管理服务平台的通知》(建办督〔2021〕54号)，部署各地以城市运行管理"一网统管"为目标，在城市综合管理服务平台建设和联网工作的基础上，围绕城市运行安全高效健康、城市管理干净整洁有序、为民服务精准精细精致，以物联网、大数据、人工智能、5G移动通信等前沿技术为支撑，整合城市运行管理服务相关信息系统，汇聚共享数据资源，构建全国城市运行管理服务平台"一张网"。将同步发布的《城市运行管理服务平台建设指南(试行)》《城市运行管理服务平台数据标准》(CJ/T545-2021)和《城市运行管理服务平台技术标准》(CJJ/T312-2021)(见图1-12)作为现阶段指导平台建设和运行的基本依据。自此，城市运行管理服务平台建设进入全面实施阶段。

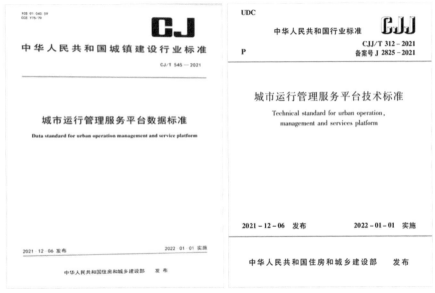

图 1-12 《城市运行管理服务平台数据标准》和
《城市运行管理服务平台技术标准》

1.3.3 全国城市运行管理服务平台建设特色亮点

2005年发布实施了有关网格化城市管理新模式的第一部行业标准。从最初的探索到现在相关标准规范的逐步完善，从最初的行业标准逐步升级为国家标准，全国城市运行管理服务平台建设工作经历了漫长又艰辛的历程。网格化城市管理的新模式如图1-13所示。随着住建部在全国范围内大力推广城市运行管理服务平台建设工作的开展，以及相关标准的不断完善，城市运行管理服务平台的建设运行在全国范围内取得了良好效果，实现了城市管理由粗放型向精确型和实时型的转变，全面提升了城市管理效率和管理水平，以及城市管理的精细化、网格化、信息化水平，使城市管理更加人性化。

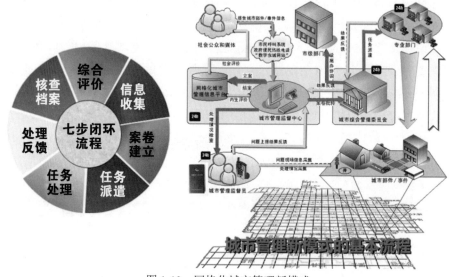

图 1-13 网格化城市管理新模式

中国城市管理水平伴随着城市管理的法治化、智慧化、规范化不断提高，市政基础设施服务能力也不断提升，城市人居环境显著改善。中国城市管理的演变揭示了城市管理工作应遵循的规律。一是统筹范围较广。城市运行管理服务平台以"一网统管"为目标，目的是通过城市运行管理服务平台"一张网"系统解决城市运行、管理、服务过程中的问题和矛盾，不断增强市民群众的获得感、幸福感、安全感。"一网统管"覆盖范围广，涉及部门多，是一项复杂的系统工程，现阶段以支撑城市运行安全、城市综合管理服务为主。随着"一网统管"体制机制逐步健全，应用场景不断丰富，将逐步向其他业务领域延伸拓展。二是治理路径清晰。通过对燃气、供水、排水、供热等城市基础设施的安全运行实时监测、预报预警，提升城市风险防控能力。通过对市政公用、市容环卫、园林绿化、城管执法等领域的精细化管理，增强人民群众的满意度。通过提供精准精细精致的服务，解决人民群众的急难愁盼问题。三是智慧科技赋能。城市运行管理服务平台充分运用物联网、大数据、人工智能、5G移动通信等前沿技术，推动城市运行管理模式由传统经验型向现代科技型转变，提供实战中管用、基层干部爱用、群众感到受用的智能化应用和产品。四是高位协调指挥。城市运行管理服务平台作为城市政府治理城市的重要工具和平台，可以统筹协调、指挥调度各部门、各系统，具有"横向到边、纵向到底"的管理优势，可以对城市运行状况进行监测预警，对区域、部门城市运行管理服务工作开展监督考核，对城市运行监测和城市管理监督工作开展综合评价。

全国城市运行管理服务平台是城市数据的汇聚池。通过各类城市服务平台数据的汇聚和交换共享，平台将构建出城市生活的数字全貌，助力城市的高效运营和精准治理，使得治理城市最终达到"上下贯通、左右衔接、协同联动、高度集成"。

全国城市运行管理服务平台的建设，体现了多中心合一、多职能合一的特点。通过创新智慧化城市管理的新模式，建设多中心合一的城市运行管理中心，对辖区的城市治理工作统筹协调、指挥调度、监督考核。综合政府多部门职能、多主体协同，形成各司其职、各尽其能、相互配合的共建共治共享格局。与此同时，通过打造城市运行管理大脑，对城市的运行进行全过程、全时段、全方位的管理，形成事前防范、事中控制、事后复盘的全周期闭环。围绕城市道路桥梁隧道、城市地下管线管廊、城市燃气、城市排水、生活垃圾填埋场及渣土消纳场、城市照明及户外广告设施、化粪池危险源、城市公共空间等风险防控重点，通过智能化科技手段实时监测城市运行情况，实现监测、预警、告警以及处办监督，加强城市问题的辨识和评估。基于资源一张图的可视化指挥调度，事件处理过程可视化展示，人员、物资、事件一张图全面掌控，助力快速反应和科学调度。该平台中的大数据驾驶舱具有大数据分析研判能力，能够通过着眼于一网统管的格局思路，从市到区，再到街道、社区，对数据层层剥离，从整体到局部，进行深入的研判分析，找出工作中的短板，从而助力管理者形成科学决策依据。

1.4　自治区城市运行管理服务平台建设

1.4.1　自治区城市运行管理服务平台发展背景

为深入贯彻习近平总书记关于住房和城乡建设工作的重要批示、指示精神，提高城市科学化、精细化、智能化管理和"互联网+"政务服务水平，逐步构建适应高质量发展要求的城市综合管理服务制度体系，推进城市治理体系和治理能力现代化，新疆维吾尔自治区住房和城乡建设厅先后印发了《新疆维吾尔自治区城市综合管理服务平台建设导则(试行)》《新疆维吾尔自治区智慧社区(小区)建设技术导则(试行)》等相关导则文件(见图1-14)，并于2021年11月正式开展城市运行管理服务平台建设。

图 1-14　《新疆维吾尔自治区城市综合管理服务平台建设导则 (试行)》和
《新疆维吾尔自治区智慧社区 (小区) 建设技术导则 (试行)》

1.4.2　自治区城市运行管理服务平台发展历程

1. 数字城管

2005年开始，住建部在全国开展了数字城管试点建设，并在2008年至2010年将数字城管试点建设取得的经验在全国进行了推广应用。数字城管主要是运用单元网格管理方法和城市部件管理方法，依托已建成的城市管理数字化信息平台，通过信息收集、立案、派遣、处理、核实结案和综合评价环节，对城市管理事务进行处理。通过信息技术与城市管理应用的有机结合，对城市管理流程进行科学再造，创新城市管理模式，极大地提高了城市管理效能和水平，最终实现城市精细规范管理与全面覆盖管理的有机结合，高效管理与长效管理的有机结合，取得了显著成效。新疆维吾尔自治区作为第一批数字城管建设试点，根据《数字化城市管理信息系统》相关标准(如图1-15所示)，切实加强了数字城管建设，建成了部分市级数字城管信息化管理平台，实现了监督指挥、监督指挥GIS、应急处置、督察督办、违法建设、数据分析、考核评价七大功能，实现了管理对象数字化、管理过程数字化、监控手段数字化和绩效评价数字化。乌鲁木齐、克拉玛依和布尔津县的数字化城市管理通过了国家考核验收。昌吉市的数字化城市管理通过了自治区数字化城市管理信息系统考核验收。

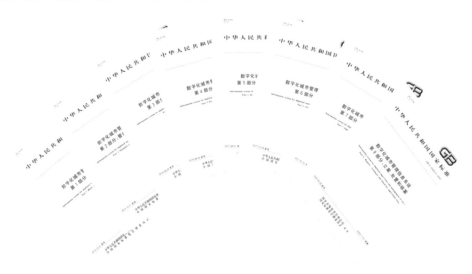

图 1-15 《数字化城市管理信息系统》相关标准

2. 城市综合管理服务平台

2016年11月，为落实城市管理执法体制改革，解决城市管理面临的突出问题，新疆维吾尔自治区党委、自治区人民政府印发《关于深入推进城市执法体制改革改进城市管理工作的实施意见》(新党办发〔2016〕53号)，提出"整合现有各类信息化资源，加快数字化城市管理平台建设步伐，所有县(市)都要完成数字化城市管理平台建设"的目标。

住建厅转发《关于开展城市综合管理服务平台建设和联网工作的通知》(新建督〔2020〕2号)，要求"到2020年年底前，县(市、区)初步完成城市综合管理服务平台建设任务，实现与上级城市综合管理服务平台联网和试运行。已建成数字化管理平台的县市，既要保障正常运转，又要推进既有平台的提升改造，确保各地在2021年年底实现四级联网。"2021年年底前，乌鲁木齐市、克拉玛依市按要求实现与住建部平台联网工作。

2020年，住建厅将"加强信息化建设"工作纳入2020年重点工作中，提出"实施住房和城乡建设行业信息化三年行动，今年要建成城市综合管理服务平台、工程质量安全信息化统一监管平台、农村安居工程管理系统、城镇老旧小区改造信息化管理平台、住房租赁服务监管平台、公租房信息管理系统、城镇基础设施信息化管理平台，启动建设自治区住房和城乡建设系统信息指挥调度中心，初步实现视频调度、视频会议和重大突发事件应急保障等功能。"

2020年4月3日，住建厅转发住建部《关于开展城市综合管理服务平台建设和联网工作的通知》，要求抓紧制定城市综合管理服务平台建设实施方案，加快平台建设，同时要求乌鲁木齐市与克拉玛依市作为联网试点城市于2020年年底前与住建部平台进行联网。此通知标志着新疆维吾尔自治区以点带面，全面开始了城市综合管理服务平台建设和联网工作。

2020年5月15日，住建厅印发《自治区城市综合管理服务平台建设和联网工作方案》，明确了"一体化服务""一网统管""一屏观天下"的建设目标，要求各地州推进平台应用建设，构建统一的城市管理网格体系，完善城市管理基础数据库，推进国家、自治区、地(州、市)和县(市、区)四级平台联网互通。

2020年8月28日，住建厅印发《新疆维吾尔自治区城市综合管理服务平台建设导则(试行)》，对平台系统、数据库、数据共享和交换接口、基础环境、建设、验收和运行维护等方面的要求进行了明确，对自治区城市综合管理服务平台建设进行了规范和指导。

2020年12月21日，住建厅印发《新疆维吾尔自治区智慧社区(小区)建设技术导则(试行)》，从通信基础设施、公共安全防范系统、建筑设备监控系统、信息化应用系统、智能化集成管理系统、智慧家居系统、公共服务平台等方面对建设智慧社区(小区)进行了规范。文中指明以街道、社区(小区)为载体的智慧城市建设单元，推进了5G互联网+社区(小区)的融合应用，为全疆智慧社区(小区)建设工作提供指导。

2021年9月2日，住建厅印发《智慧市政建设技术导则(试行)》，指导了自治区级、地(州、市)级、县(市、区)级和市政企业(单位)智慧市政管理平台的规范建设，从而推动了构建适应高质量发展要求的市政综合管理工作体系，增强了市政管理的统筹协调能力，提高了市政工作的精细化管理和服务水平。

2021年10月13日，住建厅联合新疆维吾尔自治区党委网络安全和信息化委员会办公室、新疆维吾尔自治区科学技术厅等7个部门联合印发《关于加快推进自治区新型城市基础设施建设的实施意见》，明确了"到2021年底，乌鲁木齐市、克拉玛依市、吐鲁番市、哈密市及奎屯市、阿克苏市建成城市运行综合管理服务平台；到2022年底，乌鲁木齐市、克拉玛依市、吐鲁番市、哈密市、奎屯市、阿克苏市基本完成城市地下基础设施信息化建设，城市运行综合管理服务平台与自治区平台互联互通；到2025年底，克拉玛依城市、奎屯市完成自治区'新城建'

试点城市建设任务,全区所有城市和县城均建成城市运行综合管理服务平台,智慧城管、智慧市政实现全覆盖,智慧社区(小区)覆盖率达到60%以上"的工作目标。提出了"全面建设城市信息模型(CIM)平台建设、实施智能化市政基础设施建设和改造、协同发展智慧城市与智能网联汽车、建设智能化城市安全管理平台、加快推进智慧社区建设、推动智能建造与建筑工业和协同发展、推进城市综合管理服务平台建设"的工作任务。

2021年10月26日,住建厅联合新疆维吾尔自治区发展和改革委员会印发《关于开展智慧社区(小区)示范项目建设的工作方案》,如图1-16所示。文中提出在全疆试点建设10~15个示范小区项目,为示范项目提供奖励资金、政策性贷款补助等政策支持,并总结示范项目经验,为全区各地智慧社区(小区)建设提供了有益借鉴。

2021年12月,住建厅开展了实地部署指导工作,成立了自治区城市运行管理服务平台专家组和建设专班,同时印发了《新疆维吾尔自治区城市运行管理服务平台建设部署工作方案》,如图1-16所示。文中明确了各地州具体工作任务,开展了平台建设培训工作,实地调研指导了各地州平台建设工作,组织了交流学习,从而大力推进了智慧城管、智慧市政、智慧社区(小区)为一体的城市运行综合管理服务平台建设。

图1-16 《关于开展智慧社区(小区)示范项目建设的工作方案》和
《关于印发〈新疆维吾尔自治区城市运行管理服务平台建设部署工作方案〉的通知》

3. 城市运行管理服务平台

新疆维吾尔自治区城市运行管理服务平台的建设，是全面贯彻党的十九大和十九届历次全会精神，习近平总书记关于住房和城乡建设工作有关重要指示批示精神，以及自治区贯彻新发展理念，推动城市高质量发展的重要体现。

2020年，为深入贯彻习近平总书记关于住房和城乡建设工作的重要指示、指示批示精神，提高城市科学化、精细化、智能化管理和"互联网+"政务服务水平，逐步构建适应高质量发展要求的城市综合管理服务制度体系，推进城市治理体系和治理能力现代化，住建部在现有城市管理信息化平台的基础上，通过整合或共享城市管理相关部门数据资源，拓展统筹协调、指挥调度、监督考核、综合评价和公众服务等功能，在全国推进了城市综合管理服务平台建设。国家住建部先后下发了城市综合管理服务平台建设标准要求，旨在大力推动实现国家、省级、市级城市综合管理服务平台的互联互通、数据同步与业务协同，全面建设全国统一的城市管理平台监管体系。

2021年11月，住建厅正式启动了城市运行管理服务平台建设。新疆维吾尔自治区城市综合管理服务平台的建设，旨在汇集城市综合管理需要的多种监管数据，围绕"科技强国""加快发展新型基础设施建设"的决策部署，利用大数据、区块链、5G、物联网、人工智能等先进技术，在借鉴上海精细化管理、杭州城市大脑、北京党建引领基层治理等成熟经验的基础上，聚焦党中央治疆方略，建立以公众服务为基础，以城市综合管理"一网统管""一屏观天下"为支撑，面向人民群众、政府服务对象、城市管理各相关部门，符合新疆特色的城市综合管理服务工作体系。新疆维吾尔自治区城市综合管理服务平台要实现"三个全覆盖(城区、社区、小区)""三个联动(城管与综治、社区、物业)""三个智慧(智慧社区(小区)、智慧市政、智慧城管)"，实现感知、分析、服务、指挥、监察"五位一体"。为此，要整合城市管理相关公众热线服务平台，形成与国家平台统一的"12319"城市管理服务热线。综合利用各类监测监控手段，强化视频监控、环境监测、交通运行、供水供气供热、生命线保障等城市运行数据的综合采集和管理分析，纵向实现自治区、地(州、市)、县(市、区)、基层单位四级应用平台之间的数据交换，横向实现多部门公共数据资源互联互通和开放共享，形成综合性城市综合管理数据库，提升数据标准化程度，建立用数据说话、用数据决策、用数据管理、用数据创新的新机制。

通过四级平台的联动互通和指挥调度，能够全面增强城市管理统筹协调力，提高城市精细化管理服务水平，推动实现城市治理体系和治理能力现代化。

本次建设的自治区城市运行管理服务平台将打造基层单位应用系统(含智慧社区(小区)、智慧市政)的公共版,整合智慧工地系统,重点建设智慧市政、智慧社区(小区)、智慧城管、城市体检、人文城市(历史文化名城、名村、名镇系统)这"五个智慧"的行业应用系统。

1.4.3 自治区城市运行管理服务平台建设的特色亮点

城市运行管理服务平台是提升城市科学化、精细化、智能化水平的重要措施,对提高城市"智治"水平,促进"自治"能力有重要的促进作用。住建厅根据住建部城市综合管理服务平台建设整体要求,结合实际本区情况,提出要始终坚持以下三方面基本原则。

一是坚持以人民为中心的城市管理思想。习近平总书记指出"推进城市治理,根本目的是提升人民群众获得感、幸福感、安全感。要着力解决人民群众最关心最直接最现实的利益问题",城市管理要坚持"人民城市为人民"的原则,以增进人民的福祉为目标。

二是坚持城市管理的整体性、系统性。城市是"有机生命体",要树立全周期管理理念,统筹城市规划建设管理,增强城市管理的整体性和系统性,提高城市的承载力、宜居性和包容度。

三是坚持适应经济、社会发展要求,开展城市管理创新。习近平总书记强调"要提高城市治理水平,推动治理手段、治理模式、治理理念创新。"自治区城市运行管理服务平台建设始终以城市运行管理"一网统管"为目标,围绕城市运行安全高效健康、城市管理干净整洁有序、为民服务精准精细精致,以物联网、大数据、人工智能、5G移动通信等前沿技术为支撑,整合涉及城市运行管理服务事项的功能相近的信息系统,汇聚共享相关数据资源,加快现有信息化系统的迭代升级,全面建成城市运行管理服务平台。还要加强对城市运行管理服务状况的实时监测、动态分析、统筹协调、指挥监督和综合评价,不断增强人民群众的获得感、幸福感、安全感。

基于这三个原则,当前建设的"城市运行管理服务平台"与之前建设的"城市综合管理服务平台"相比,有以下几方面创新。

1. 以"一网统管"统领平台建设

通过汇集全疆智慧市政、智慧社区、智慧城管等相关数据,打通各职能监管部门的"任督二脉",实现对全疆城市管理体系的实时监管,进一步提高了监管效率。

2. 以"智慧体检"统领城市建设管理大数据分析

从人文城市、生态城市、绿色城市、住有所居、基础设施建设、公共安全、管理执法、人居环境八个方面对城市综合管理服务工作进行体检评价，并将评价结果作为制定城市管理相关政策措施，实施城市更新、老旧小区改造的重要依据。

3. 实现管理联动全覆盖

按照"省带市县"的建设模式，实现了城区、社区、小区三个全覆盖，城管与综治、社区、物业三个全联动，自治区级、地市级、县市级、企业级四级平台联动互通和指挥调度，构建了符合新疆特色的城市运行管理服务工作体系，全面增强了城市管理统筹协调能力。

城市运行管理服务平台重点突出了安全监管、为民服务两方面内容，主要体现在以下四点：

(1) 重点加强智慧市政建设。通过加强供水、供热、燃气、排水等生命线工程智慧化建设，实现对市政公用设施生产经营过程全流程监控，及时查找堵塞安全漏洞，及时消除安全生产隐患，确保安全生产监管无盲点、全覆盖。

(2) 重点加强智慧社区建设。通过对接社区建设人口相关基础数据，以及物业、绿化、垃圾分类、房屋等相关数据，对社区数据进行深入分析，切实找准社区管理薄弱环节，解决好市民群众关心的热点难点问题。

(3) 重点加强智慧城管建设。对原有的城市管理信息化平台指挥协调功能进行优化升级，按照"统筹布置、按责转办、重点督办、限时反馈"的闭环管理机制原则，建立监督指挥、综合评价、执法监管等一体化的智慧城管监管体系，进一步提升城管执法效率。

(4) 重点加强"一网通办"系统建设。通过整合相关数据，实现城市建设管理"一网通办"，对提高市民群众的获得感、幸福感产生积极的促进作用。同时，平台的建设还对城市高质量发展具有三方面显著作用。一是平台建设坚持以人民为中心，着力提高多元普惠的民生服务质量，切实增强人民群众的幸福感和获得感。二是建立用数据说话，用数据决策，用数据管理，用数据创新的城市治理智慧化模式，推进城市精准治理，提升城市治理现代化水平。三是助推互联网、大数据等与实体经济的深度融合，引导产业向智能化、数字化、网络化发展。

1.5 克拉玛依市城市运行管理服务平台建设

1.5.1 克拉玛依市城市运行管理服务平台发展背景

2007年，克拉玛依市克拉玛依区按照住建部数字城管的建设要求，正式启动了数字化城市管理建设工程，成为我国西北地区第一家"数字化城市管理试点城区"，如图1-17所示。克拉玛依区始终以数字城管信息系统为依托，坚持城市管理体制机制建设，建立城管疑难案件四级协调机制和城市三轴心管理体系，实行了信息采集市场化运营；开展了城市部件属性数据动态维护与城市基础地理信息专业更新相结合的探索，积极研究破解城市基础部件数据维护难题；利用三维实景影像数据，建立城市道路路籍档案，探索城市管理诚信记录库的建设；提出软件租赁化运营服务方式，提高了企业主动参与城市管理软件研发工作的积极性。

图1-17 克拉玛依区成为我国西北地区第一家"数字化城市管理试点城区"

2007年9月，克拉玛依区根据国家建设部的有关标准，下发了《克拉玛依区数字化城市部件事件普查工作安排》，重点对部件和事件的权属、立案标准、结案标准、处置时限的信息采集和初步统计分类工作进行了安排，与市、区政府职能部门、辖区企事业单位进行了洽谈，收集、核实城市部件、事件的权属、立案标准、结案标准、处置时限等信息。当年11月，完成了全区部件、事件问题处置责任主体、处置范围和处置时限的审核，以及部件、事件各类问题的立案标准、结案标准以及适用的法律依据的调整。

2007年10月，在北京市东城区城市管理监督中心的指导下，克拉玛依区吸取了先进经验，通过招标，与中国电信集团系统集成有限责任公司签订了《克拉玛依区数字化城市管理系统软硬件租赁合同》，以租赁的形式为克拉玛依数字化城市管理系统提供了服务。

2007年11月，克拉玛依区根据数字化城市管理信息系统相关标准，建成了克拉玛依区数字城管信息化管理平台。该平台实现了监督指挥、监督指挥GIS、应急处置、督察督办、违法建设、数据分析、考核评价七大功能，做到了管理对象数字化、管理过程数字化、监控手段数字化和绩效评价数字化。

2008年3月，克拉玛依区组织区数字化城市管理建设办公室的全体工作人员分成8路，对170个责任网格进行巡查时间、巡查路线、巡查面积等基础数据的核实，将170个责任网格合并、调整为146个责任网格，为下一步科学管理奠定了基础，也使责任网格划分得更加合理。在完成了责任网格核实和赴北京市东城区对口业务培训的基础上，克拉玛依区数字化城市管理建设办公室的工作人员开始着手筹备城市管理监督员队伍的建设工作，成立了两个城市管理监督员招聘工作组。同时，克拉玛依市编委下发了克拉玛依区城市管理监督中心和指挥中心组织机构的文件，按照该文件精神，结合克拉玛依区实际，积极搭建监督中心和指挥中心组织机构。

1.5.2 克拉玛依市城市运行管理服务平台发展历程

2016年，克拉玛依市在克拉玛依区数字城管平台的基础上，按照住建部印发的《城市运行管理服务平台建设指南(试行)》以及相关技术标准，从指挥协调、数据汇集、数据转换、行业应用、公共服务等方面加强了城市综合管理服务平台建设。

2021年，按照住建厅关于城市运行管理服务平台建设的要求，重点加强了智慧社区、智慧市政、智慧城管等相关系统建设，建成了克拉玛依市城市运行管理平台，真正实现了"四级联通、五级应用"(即：国家级、自治区级、地州市级、县市区级四级联通，国家级、自治区级、地州市级、县市区级、企业级五级应用)，发挥了省带市县，市带县区的作用，切实建立起了用数据说话，用数据决策，用数据管理，用数据创新的城市治理新模式，增强了人民群众的幸福感和获得感。克拉玛依市也由此成为全疆第一个与住建部、住建厅两级的城市运行管理服务平台实现联网的城市，如图1-18所示。

为切实用好城市运行管理服务平台系统，克拉玛依市集合克拉玛依信息化相关力量，成立了克拉玛依天地图网格科技有限公司，专门负责克拉玛依城市管理相关信息化系统运维以及国内先进技术成果本地化转化等工作。

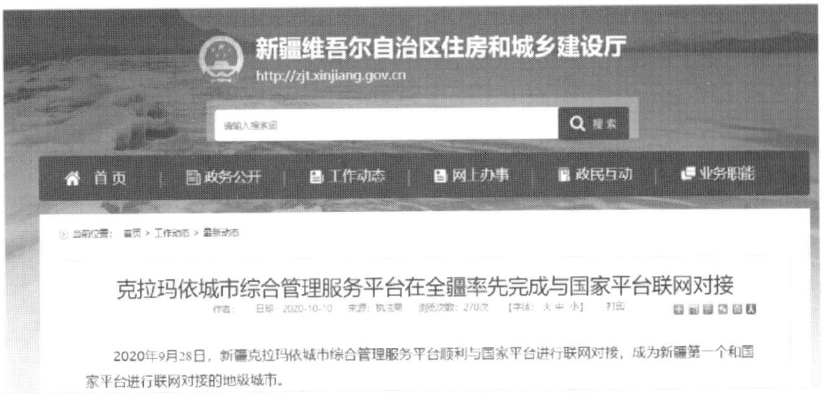

图 1-18 克拉玛依城市综合管理服务平台在全疆率先完成与国家平台联网对接

克拉玛依市还依托高校资源为智慧城管建设提供智力支持。2021年，克拉玛依市城市综合服务中心与中国石油大学(北京)克拉玛依校区、克拉玛依天地图网格科技有限公司共同签署了战略合作协议，共同举办了"智慧城管，贴心服务"城市管理信息化微论坛。三方从学术交流、技术交流、学生实践等三方面开展产学研深度合作，为克拉玛依城市管理信息化平台系统建设持续提供智力支持。

1.5.3 克拉玛依市城市运行管理服务平台建设特色亮点

克拉玛依市作为全疆首个实现与国家、自治区平台三级联网运行的城市，其城市运行管理服务平台(见图1-19)建设有以下几方面的特色亮点。

图 1-19 克拉玛依市城市运行管理服务平台

1. 积极推进"一网统管"建设,为各类数据交换汇集奠定基础

"一网统管"建设的重点是数据库建设。该市依托克拉玛依云计算产业园,将"一网统管"所有数据及应用系统部署在云端,并重点加强了社区基础数据、城市运行相关数据以及物联网数据三方面建设。

一是在社区基础数据建设方面,建设了克拉玛依城市管理数据汇集分析系统以及全市综合信息采集系统,简称社区"一张表系统",对社区居民信息、社区网格信息、居民身份证信息、居民户籍信息等各类相关数据进行一次性录入采集。2022年共汇集社区人口基本数据30余万条。

二是在城市运行相关数据方面,汇集了公安、人社、综治、工商、机关管理等五个专业系统的数据,包括:全市车辆基本数据,一万余条实时求职招聘数据,三万余路视频监控数据,两万余家商户基本信息以及机关后勤管理相关数据,如图1-20所示。

三是在物联网数据方面,汇集了供水公司的供水总量、用户总数、管道总长度等相关数据,供热公司的供热能力、日产热量、平均室温等相关数据。

图1-20 克拉玛依城市管理数据汇集共享平台

依托已汇集的相关数据,制作了"一网统管"展示大屏,对案件高发网格、职能部门工作落实情况等进行自动排名,对高发问题类别、高发问题区域等进行预测预警,实时、常态化对城市管理数据进行分析汇总,并将分析结果作为制定各项城市管理措施的重要依据,确保各项政策更加精准有效,真正实现"一网统管",不断提升城市精细化管理水平。

2. 积极推进智慧城管建设,不断提高城市管理服务水平

智慧城管是城市运行管理服务平台的重要基础系统。克拉玛依市通过三大措

施,充分发挥平台指挥协调作用,不断提高网格问题处置效率。

一是制定了《克拉玛依市域治理网格管理实施方案(试行)》,实现了党建网格、综治网格、城管网格"多网合一",如图1-21所示。该措施建立了网格内部事件类别及城市管理标准动态监管机制,将网格内事部件的类别分别与城市管理的标准、责任单位一一对应。网格员可在手机上实时查看类别标准及责任单位,对网格进行动态管理。2021年全年,克拉玛依市共协调解决市民群众反映各类问题85.22万件,办结84.64万件,办结率达到99.32%。

图1-21 克拉玛依市网格

二是完善了指挥协调系统,实现了网格巡查、视频巡查有机结合。例如,2021年5月18日,街道督察员巡查时发现/街面突发跑水事件,便手机登录"贴心城管"App进行上报。区级值班长第一时间看到问题后,立即将工单派遣至相关职能部门进行处置。处置结束后,经网格员现场确认,将工单办结。通过信息化处置流程,进一步提升了处置效率。在视频巡查方面,通过对公安、综治两万余路视频资源分重点、分时段进行视频巡查,同时与人员车辆现场巡查充分结合,取得了良好的效果。例如,2021年8月3日,通过视频巡查发现,白碱滩区翠林小区西侧存在偷倒建筑垃圾现象。发现该问题后,值班人员第一时间通过市级督查将案件派遣至白碱滩区进行处置,充分发挥了视频巡查高效便捷作用。

三是建立了片区长责任制,加强了日常管理,确保市民群众反映的各类问题得到高效处置。克拉玛依市建立了由市长、各副市长,区长、各副区长分别担任市级和区级片区长、副片区长的片区长责任体系,分级负责城市管理工作,如图1-22所示。片区长每周对各区城市管理情况进行巡回检查,对比城市管理问题整改落实情况。每季度召开城市管理点评会,对市级各部门、各区城市管理情况进行考核排名。通过每周检查、每月通报,层层传导压力,强化问题导向,坚持属地管理、分级负责的原则，高位推动协调解决城市管理中的难点、热点问题。此外，该市还积极开展了暑期城管小卫士活动。全市各中小学的学生积极参与"易优杯·我为城管做贡献"征文活动，并评选出优秀获奖学生100名。同时，组织城管小卫士进社区、进网格，开展不文明行为劝导，环境卫生整治等活动，大手拉小手，进一步营造了浓厚的城市管理氛围。

图1-22　克拉玛依市城市管理片区长责任体系

3. 积极推进智慧市政建设，提高市政基础设施安全运行服务水平

供水、供热、燃气、排水等市政基础设施建设是城市重要的生命线工程。克拉玛依市在以下五方面加大了"智慧市政"建设力度，全面开展了智慧市政系统建设。

一是智慧燃气重点加强过程安全监管。围绕城市燃气管网安全运行所涉及的配气站、管网、阀井及末端用户，打造场站数据监控、周界报警、管线GIS信息、阀井在线监测、可燃气体报警监测等立体化监测系统，实时掌握关键节点管网压力、流量、浓度等运行数据，不断提升管网安全监控处置能力。

二是智慧水务加强对管网漏损情况的预知预测。通过在供水管网关键位置安装在线水质检测仪、远传电磁水表、压力计、噪声记录仪、水锤记录仪、远控阀门等物联网监控设备，实时感知水质、水量、流向、压力、漏损等供水系统运行状态，实现对供水管网全流程信息的监控和分析，如图1-23所示。

三是智慧供热重点做好热网动态平衡。通过在锅炉房、换热站、供热管网以及居民家中安装各类传感器，为供热水力工况平衡提供科学、直观的数据支持，实现了热量自动平衡匹配，改变了传统"看天""看末端"的供热调温模式，如图1-24所示。

四是智慧地下管网系统加强地上部件、事件，地下管线系统的全覆盖管理。通过分析软件模拟、3D显示，提高该市的应急处置效率，如图1-25所示。

五是市政路灯监控系统。该市对公共照明节能控制及智能管理进行了升级，通过无线通信网络、计算机控制系统、智能终端设备，在路灯方面，实现了市政路灯单灯控制、分组亮、降功率、变功率照明及远程控制、手机App控制、统一集中控制、故障报警等功能，同时对中心城区127条道路的2.7万盏路灯进行了LED光源改造；在线路方面，实现了全天监测路灯电缆运行状态、故障自动断电报警、阴雨雷电恶劣天气安全防护等功能。智慧路灯建设完成以来，中心城区路灯节电率达到50%以上，亮灯率达到98%以上。此外，该市还先后建成使用了智能垃圾箱监控系统、扫雪车GPS监控系统(如图1-26所示)等行业应用系统，以信息化带动管理精细化，全面提升了市政公共服务水平。

图 1-23　克拉玛依市智慧水务综合管理平台

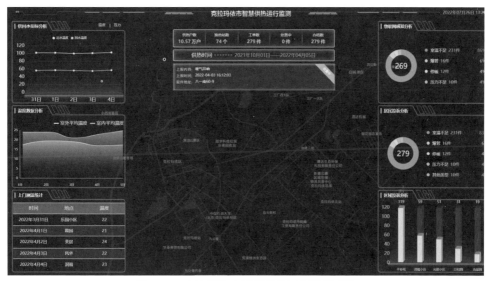

图 1-24　克拉玛依市智慧供热运行监测系统

图 1-25　克拉玛依市地下管线综合分析系统

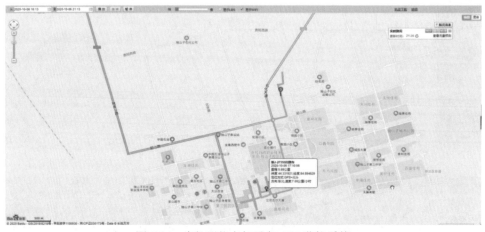

图 1-26　克拉玛依市扫雪车 GPS 监控系统

4. 积极推进"智慧社区"建设，完善社区服务功能

根据《新疆维吾尔自治区智慧社区(小区)建设技术导则》的有关要求，结合克拉玛依市的实际情况，克拉玛依市确定了以智慧物业带动智慧社区建设的思路。

智慧物业建设方面，一是建立了智慧物业数据分析展示平台。结合GIS信息管理技术，对小区的房屋情况、人员情况、志愿者活动情况、物业工单处置情况，以及物联网设备监控情况等进行实时监测报警，实现了小区设备、设施、人员的精细化管理。二是建立了智慧物业基础应用平台,实现了对房屋、住户、缴费、财务等物业服务基础工作的信息化管理。三是建立了物联网设备管理平台,对小区门磁、地磁、烟感等物联网设备实时动态管理,在发生异常情况时及时进行预警预测。四是建立了车辆监管应用系统,对小型冲洗车、洒水车、高压清洗车等物业车辆进行动态综合管理,实现了车辆信息管理、实时在线管理、车辆运行轨迹回放等相关功能。五是实现了业主线上议事、在线投票、在线答疑等功能,搭建了业主和物业公司之间的沟通桥梁,实现了城管问题"大循环"与社区问题处置"微循环"的有机结合,如图1-27所示。六是建立了线上服务商城,提供全天候的贴心上门服务,实现了维修服务、搬家服务、家政服务等六大类81小类,24小时不间断物业预约上门服务。服务完成后,居民可进行满意度评价,由此彻底解决了便民服务质量不高等相关问题,如图1-27所示。七是建立了线上综合查询缴费平台。依托物联网计量表、业务营销系统、微信服务平台,打造了供水、供热、燃气一体式线上缴费窗口,让居民可以足不出户便能"一站式"查询、缴费。

图1-27 "贴心城管"业主议事模块及线上服务商城中的物业预约

另一方面,该市大力开展了智慧社区试点建设。一是建立了智慧社区数据分析展示平台,对社区人口情况、居民诉求情况、高发问题分布情况以及志愿者活动情况等进行汇总分析,实现了"社区一屏观天下"。二是充分建立了视频与现场执法联动、应急处置快速挪车、应急信息传送等场景应用。当视频巡查发现乱堆乱放、打冰扫雪不及时等问题时，可通过短信提醒相关单位进行快速处置；当车辆占道影响地下管线抢修时，能第一时间查找车主信息，实现快速挪车；当发生停水、停气等应急事件时，能点对点地向市民群众发出通知。三是建立推行了"社区吹哨，部门报到"机制。为了进一步提高社区问题处置效率，依托街道执法力量，由社区建立了"违章建设""跑冒滴漏""犬类治理"等8个社区吹哨应用场景。根据不同的应用场景，提前将执法等相关人员信息从办公平台添加至应用场景列表，当发生吹哨事件时，通过平台发送信息。执法人员接收信息后赶赴现场进行处置，并将处置情况纳入考核，进一步提高了社区问题处置效率。四是打造线下服务团队。组建由便利店、餐饮店、美容美发店、儿童游乐场、医疗保健等30余家商户以及相关物业公司和热心居民共同参与的线下服务团队，根据社区人员结构、居民构成情况等，有针对性地选择商业业态，定期进网格、进家庭开展商品促销、儿童娱乐体验、磨刀、理发、义诊等便民、利民服务活动(见图1-28)，打造特色服务品牌，营造积极向上的社区文化氛围。五是打造城市管理积分系统。通过开展城市管理积分活动，努力营造商业让利惠民，社区服务为民，工作队真心帮民，大家一心向民，人民城市人民建、人民城市人民管，管好城市为人民的良好氛围。市民群众可以通过参与城市管理活动累积积分，并在社区积分超市兑换奖品或在"贴心城管"手机App支持商家中享受折扣优惠，以此鼓励市民群众参与城市管理工作，如图1-29所示。

"智慧社区"试点建设以来，各类问题同比降低了12.5%，志愿活动开展率同比上升了7.9%，进一步提升了市民群众的获得感、安全感和幸福感。

图1-28　贴心城管服务进网格、服务进家庭活动

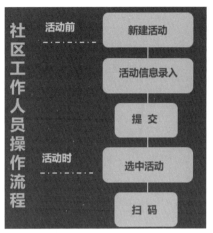

图 1-29　社区积分超市及积分兑换流程

5. 推进智慧体检建设，推动持续治理"城市病"问题

克拉玛依市是全国和自治区城市体检试点城市，确立了以城市体检统领城市运行的思路，建立了用大数据分析城市管理运行情况的机制。一方面，大力开展城市体检工作。2020年，克拉玛依作为全疆城市体检试点城市，开展了城市体检工作，从人文城市、生态城市、绿色城市、住有所居、基础设施建设、公共安全、管理执法、人居环境整治8个方面对城市进行了全面体检，并将体检结果作为城市更新的重要依据。2021年，克拉玛依作为全国城市体检样本城市，从生态宜居、健康舒适、安全韧性、交通便捷、风貌特色、整洁有序、多元包容、创新活力8个方面对城市进行全面体检，并建立城市体检长效机制。该市建立了如图1-30所示的城市体检数据分析展示系统，该系统针对城市系统性出现的问题，实现从城市整体功能布局优化、系统优化角度出发，结合国土空间总体规划，对城市的系统治理进行专项规划，结合城市更新等相关项目进行综合治理，确保城市不再"旧病复发"。

另一方面，用大数据技术对城市管理数据进行实时、常态化分析汇总，查找城市管理薄弱环节。通过对案件高发网格、职能部门工作落实情况等进行自动排名，对高发问题类别、高发问题区域等进行预测预警，并及时将分析结果反馈给各区，确保各项政策措施更加精准有效。该市还定期开展专项大数据分析工作，对市民群众通过12345、12319反映的各类问题进行专项深入分析，切实找准问题发生的根本原因，及时将数据分析结果反馈至各行业管理部门，不断提升行业管理部门的专业化服务水平。2022年克拉玛依市城市管理数据分析如图1-31所示。

图1-30　城市体检数据分析展示系统

图1-31　城市管理数据分析

6. 全面推进历史建筑保护工作，充分体现克拉玛依历史文化特色

克拉玛依市结合其特有的石油文化特色，建立了历史名城名镇名村展示平台，如图1-32所示。通过平台，切实加强了历史建筑日常监管，全面加强了历史建筑保护工作。该市目前已经进行了克拉玛依采油工艺研究院、老粮食局、独山子区中苏石油股份公司、独山子职工子弟学校等历史建筑认定保护工作，为城市发展留下了印记，为市民留下了美好回忆。

图1-32　克拉玛依历史名城名镇名村展示平台

第2篇
城市运行管理服务平台系统建设

第2章 智慧城管建设

2.1 自治区城市运行管理服务平台智慧城管建设概况

2.1.1 建设背景

智慧城管是以新一代信息技术为支撑、基于知识社会创新2.0的城市管理新模式,是智慧城市的重要组成部分。从数字城管到智慧城管,不仅是技术应用上的改变,也是管理理念、服务主体上的迭代升级。变化主要表现在以下两方面。一是技术应用方面。数字城管注重通过城市地理空间信息及城市管理各行业的信息化实现数据资源的共享与应用,推进各部门业务协同,提高城市管理效率;而智慧城管在此基础上更强调通过云计算、移动网络等新一代信息技术,对城市管理与运行状态进行自动、实时、全面的感知,实现城市管理信息化的集约化与智能化,并通过泛在网实现无处不在的互联和随时随地的智能融合。二是服务主体方面。数字城管更多聚焦地理信息系统的"部件"和"事件"的管理,即围绕"物"及与"物"相关的"事"的管理,通过建立监督指挥中心实现指挥和监督的协同互动;而智慧城管更强调人的主体地位及社会服务的管理,关注用户视角,强调开放创新空间,凝聚政府、市场、社会各方力量,实现城市公共价值的塑造和独特价值的创造。

数字城管到智慧城管的变化反映出,从数字城管到智慧城管的跨越不仅需要管理技术上的提升,还需要管理体系方面的创新,要进一步引入智慧城管的理念、思路和手段,为智慧城管发展指明方向。一方面引入新技术,通过设计、部署、整合、升级应用系统,构建智慧城管的技术支撑体系,提供"智慧的管理平台";另一方面引入先进的管理模式,完善标准规范体系、信息安全保障体系、运行维护支撑体系、城市管理评价体系、服务机制等，构建智慧城管的管理支撑体系，提供"智慧的管理体系"。

同时，作为智慧城市的有机组成部分，智慧城管的发展理念必须和智慧城市充分耦合，主要体现在互联、整合、民本、创新、智慧等方面。最终将形成以市民为中心、城市社会为舞台的用户创新、开放创新、大众创新、协同创新，将以人为本的价值实现提升到一个新的高度，实现城市管理者、市场、社会多方协同的公共价值塑造和独特价值创造，实现城市管理从生产范式向服务范式的转变。

住建厅在智慧城管建设方面，将重点推进城市运行管理服务平台体系建设，加快构建自治区、各城市运行管理服务平台，并逐步实现与国家平台互联互通、数据同步、业务协同。推进建设集感知、分析、服务、指挥、监察等功能于一体的城市运行管理服务平台，提升城市科学化、精细化、智能化管理水平。深化城市运行管理服务平台体系应用，以城市综合管理服务平台为支撑，分级打造自治区、地(州、市)、县(市、区)三级城市建设综合管理平台，实现业务数据互联互通、信息共享，加强对城市管理工作的统筹协调、指挥监督、综合评价，及时回应社会关切的问题，有效解决城市运行和管理过程中遇到的各类困难。

2.1.2　建设内容

建立自治区和地(州)级城市综合管理服务平台，需建设智慧社区(小区)、智慧市政、智慧城管行业监管平台，且自治区已完成智慧社区(小区)、智慧市政、智慧城管相关平台的单点登录，如图2-1所示。构建统一的综合数据中心，集成与城市综合管理服务相关的各类基础库、业务库、主题库，为住建部门社区(小区)、市政、城管等行业监管提供数据支撑，同时，为后期"一屏观天下"社区服务、城管秩序、市政监管等专题的建设提供数据支撑。按照《新疆维吾尔自治区城市综合管理服务平台建设导则(试行)》要求，建设智慧市政、智慧社区(小区)、智慧城管"三个智慧"行业应用系统。建设基层服务平台，主要有智慧社区(小区)、智慧市政、智慧城管三个系统。通过开放应用服务模块，引入社会资本，逐步建设三大智慧应用。其中，智慧城管按照自治区、地(州、市)、县(市、区)、街道、社区、小区(网格)六级业务体系进行建设，并在不断扩充应用领域、丰富服务内容过程中，实现便民、利民、惠民的目的。

图 2-1 新疆城市运行管理服务平台

1. 管理制度标准建设

1) 监督制度建设

按照《数字化城市管理信息系统第2部分：管理部件和事件》(GB/T 30428.2-2013)和《数字化城市管理信息系统第8部分：立案、处置和结案》(GB/T 30428.8-2020)标准规定，制定《自治区城市综合管理服务平台监督指挥手册》，构建以问题发现、核查结案为核心内容的城市管理问题监督制度体系，以确保城市管理问题高位独立监督的客观性和科学性；构建以处置职责重新确认、处置结果规范、处置时限精准为核心内容的城市管理问题处置执行的制度体系，以保证城市管理问题各处置责任部门的职责清晰、结果规范。

通过制定并梳理监督指挥手册，能够规范网格化城市综合服务管理问题的发现、立案、处置和结案的依据。监督指挥手册中需要明确规定网格化城市综合服务管理问题的主管部门、权属单位、处置单位、处置时限和结案标准等，构建从发现问题到处置结案为标准流程的网格化服务管理问题监督考评制度体系，构建以处置职责确认、处置结果规范、处置精准为核心内容的问题处置制度体系，为完善长效管理机制建设奠定基础，从而推进城市综合管理服务标准化和精细化。

2) 处置制度建设

按照《城市市政综合监管信息系统　监管案件立案、处置与结案》(XCJ/T315-2009)标准规定，制定《城市管理部件、事件处置(指挥)手册》，构建以处置职责重新确认、处置结果规范、处置时限精准为核心内容的城市管理问题处置执行的制度体系，以保证城市管理问题各处置责任部门的职责清晰、结果规范。

3) 考核制度建设

科学的考核评价体系是保障城市综合运行管理服务中心长效运行的基础。构建对各职能部门的考评体系，对城市综合运行管理服务中心建设有重要的意义。

按照《数字化城市管理信息系统第4部分：绩效评价》(GB/T 30428.4-2016)标准规定，制定《城市管理综合绩效考核办法》，以标准化的处置结果统计数据为依据，构建对各执行部门和监督机构的考核制度体系，形成一个监督轴驱动多部门组成的处置轴，全面提升处置效率的核心动力机制。

通过建立统一的监督考评体系，围绕"干净、整洁、有序、安全、群众满意"五大基础指标及城市体检指标内容，实现对工作过程、责任主体、工作绩效、规范标准和工作制度的评价。把各级、各类责任主体对管理对象进行全时段管理，业务流程运转情况等作为监督评价的重点，将信息系统内评价和社会公众外评价相结合，形成涵盖区域评价、部门评价、岗位评价在内的整个网格化城市综合管理模式的综合监督评价体系。

4) 长效机制建设

在城市现行管理体制下，积极推进将数字城管考核结果纳入城市有关部门的绩效考核、行政效能督察或干部考核等制度体系，以保证监督、处置、考核机制长期发挥效能。

2. 智慧城管系统建设

1) 行业监管平台

通过对接现有各市、县已建的数字城管平台，以及获取平台总体运行体征的各项数据指标(包括案件、人员、视频、基础数据、综合评价、市容环卫园林绿化行业数据、智慧停车、城管执法行业数据等数据)，依托城市综合管理服务平台，以地图为主要形式展现，将各类数据直观显示在地图上，同时提供简单查询和信息面板，滚动显示区域内实时的案卷上报事件、报警事件和平台的其他事件(如图2-2所示)，从而进一步提升城市管理的高质量、精细化管理服务水平。

图 2-2　新疆城市运行管理服务平台

(1) 人员、案件。

在同一平面上多种维度集中展现数字城管的运行状况,包括当天的巡查人员在岗情况、上报案件的处置情况、总体的立案、结案情况、问题高发情况、区域高发情况,问题发生、处置的趋势情况等。

(2) 互动。

大屏支持图、文、表一体化展现,支持统计分析成果和地图互动,展示数据实时变化,展现案件分布情况的同时能查看各案件的详细信息,展示基础数据普查成果。

(3) 监控。

支持集成基础数据查看、车辆监控、视频监控等。

自治区及地州城市管理综合执法监督平台应接入各市县(区)已建城市管理综合执法相关平台,可以通过单点登录方式访问各市县(区)城市管理综合执法监督平台,实现辖区下市县城市管理执法工作的实时监测、分析研判、长效考核,从而构建可持续的城市管理综合执法监管新模式,有效加强对各市县城市管理综合执法工作的监督、评价、考核。

2) 行业应用系统

按照《新疆维吾尔自治区城市综合管理服务平台建设导则(试行)》对城市综合管理服务平台建设的规范性指导,智慧城管系统建设应涵盖市容环卫、园林绿化、智慧行政执法、智慧停车等内容,其中,智慧行政执法模块如图2-3所示。同时,通过分配权限,在设有管理服务站的小区实现智慧城管系统的访问,实现智慧城管进社区。根据自治区住房和城乡建设厅的实际需求,智慧城管系统的主要系统功能如下:

图 2-3　新疆城市运行管理服务平台智慧行政执法模块

(1) 综合执法动态。

该模块包括本地的综合执法主体机构信息统计、实时归集的案件动态信息展示、行政处罚、检查、行政强制信息统计展示、各类执法信息的趋势分析以及执法依据使用情况分析等内容。

(2) 执法主体数据汇集。

该模块实现对本地行政执法部门情况、监督部门的案件办理情况、执法人员情况、执法实行情况等信息进行展示。实时更新执法主体案件情况，直观反映各实施机构的执法工作开展情况，实现对执法主体信息的快速检索。

(3) 行政执法业务监督。

该模块实现对行政检查、行政处罚、行政强制等执法信息的动态监督，可按照时间进行检索。实时更新执法案件办理信息，可查看案件具体的办理过程，填写的执法文书。主要包括行政处罚监督模块、行政强制监督模块、行政检查监督模块等。

(4) 执法依据监督。

该模块实现对执法监督平台中与综合执法相关的法律法规梳理情况和使用情况的监督。根据对综合执法的法律法规和使用情况的监督可以分析出法律法规的实际使用效果，为立法工作提供数据支撑。主要包括法律法规总体情况展示、执法依据使用情况展示、执法主体使用情况模块等。

(5) 执法案件数据动态分析。

该模块通过统计模型与GIS地图结合的方式，对执法案卷归集情况进行直观的分析展示，从而方便了解执法工作的开展情况。执法案卷GIS分布模块根据登录人员的监督范围显示执法案卷的分布。该模块主要包括执法案卷GIS分布、执法区域GIS模块、查询条件控制模块。

(6) 行政执法业务录入。

通过统一开发一套行政执法业务录入工作系统，将日常所办理的行政处罚、行政检查、行政强制等类型案件基本情况、执法文书、审批流程、音视频等信息登记录入到执法监督平台以进行电子化管理，做到所有执法案件全过程留痕和可回溯管理。该模块主要包括行政处罚业务录入模块、行政检查业务录入模块、行政强制业务录入模块。

(7) 案件转办以及超时办结。

各地按照"立案、处置和结案"三个环节实现智慧城管案件办理全流程监管。案件在流转过程中必须限定流转时限，对即将超时的案件进行"黄灯"提醒。对超时案件进行"红灯"警告，并将流转时限纳入考核范围进行绩效考核。同时，对接住建厅城市运行管理平台智慧城管相关内容，接收自治区下派案件的办理，将其一并纳入时限管理，确保执法案件各地横向流转与纵向督办有机融合。

3) 基层单位应用平台

智慧城管系统建设包括监督检查、城市体检评估(城市综合评价)、一网统管等系统建设，具体功能参见前述相关章节。采取分权分域的方式，覆盖自治区、地(州、市)、县(市、区)、街道、社区、小区(网格)六级业务体。

3. 数据信息以及数据库建设

为建设城市综合管理服务平台，建立城市管理服务机制。根据国家建设指南中业务指导系统、监督检查系统、城市体检评估(城市综合评价)系统、数据交换系统、应用维护系统五大系统的建设要求，建设智慧住建公共信息资源数据中心(资源目录清单、数据共享交换平台)，采集智慧社区(小区)、智慧城管、智慧市政等城市管理服务数据。

智慧城管数据内容类别主要包括：市容环卫行业数据、城镇园林绿化行业数据、智慧停车行业数据、城市管理执法行业数据。

智慧城管数据库对接现有各市、县已建的数字城管平台以及获取数字城管平台的各项数据指标，对接数据内容包括案件、人员、视频、基础数据、综合评价、市容环卫、园林绿化行业数据、智慧停车、城管执法行业数据等数据，建设自治区智慧城管专题数据库，对智慧城管数据进行汇聚整合以及决策分析，提高数据的利用效率。

2.1.3 智慧城管、智慧社区(小区)、智慧市政系统之间交互

智慧城管系统业务覆盖自治区、地(州、市)、县(市、区)、乡镇(街道、市政公用企业)、村(社区)、组(小区、物业、网格)六级,通过数据交换系统实现智慧社区(小区)和智慧市政各业务系统交互。具体交互方式为:智慧社区(小区)系统在组(小区、物业、网格)运行中将涉及的城市管理问题通过智慧社区(小区)系统上传至智慧城管系统,按照逐级上报处置的方式进行受理,受理完成后反馈到智慧社区(小区)系统,实现两个系统之间的交互,同时智慧社区(小区)系统将业务数据沉淀到智慧社区(小区)系统。智慧市政系统中,市政设施管理和日常巡查模块实现与智慧城管系统对接,按照具体层级需求进行对接,对接内容包括供水、排水、燃气、供热、垃圾处理、城市照明、道路桥梁等内容,实现数据的共建共享,系统之间的业务交互。

智慧城管、智慧社区(小区)和智慧市政系统间共享交互数据主要包括案件、人员、视频、基础数据、综合评价、市容环卫、园林绿化行业数据、智慧停车、城管执法行业数据等,其中,以业务数据和案件数据为主。

业务数据主要指智慧社区(小区)系统向智慧市政系统交互推送小区供排水、供热、燃气、垃圾处理、基础设施、物业管理等相关行业数据,智慧市政系统基于以上行业数据实现相关行业数据监管及运行状态监测。

案件数据主要指智慧社区(小区)和智慧市政系统日常运行中将涉及的城市管理案件数据交互推送至城管系统,按照逐级上报处置的方式进行受理,受理完成后反馈到智慧社区(小区)和智慧市政系统。案件数据标准包括:案件ID、案件编号、问题来源、问题类型、事件标准名称、问题描述、状态时间、受理时间、案件建立时间、规定完成时间、完成时间等。

2.2 案例汇编

2.2.1 克拉玛依市智慧城管建设

1. 克拉玛依市智慧城管建设概述

克拉玛依市智慧城管系统按照一个城管数据库,市级、区级分权限使用的原则进行建设。市级平台主要包括监督指挥、监督指挥GIS、应急处置、督查督办、违法建设、数据分析、考核评价等12个功能模块。区级别平台主要包括协同

办公、单位店铺责任区管理、户外广告、专项检查、违法建设、实名责任落图、综合展示、文明测评、大屏展示、统计分析、考核评价，信息发布等功能。在市级平台，通过平台首页，可以直观地看到截至当日，本月每天的全市及各区应急处置分析，高发类型统计，工单来源统计、违法建设处置分析、事部件结单情况及区域处置中工单情况等模块。通过数据，可以对全市的工单情况做横向对比，也可对各区情况做纵向对比，从而为领导的决策提供数据支持。

2. 克拉玛依市智慧城管工作机制

克拉玛依市为切实加强城市运行管理工作开展，不断提升城市管理综合服务水平，于2021年1月成立了克拉玛依天地图网格科技有限公司，公司注册资金200万元，是国资控股的地方性国有企业，也是全疆首家城市管理(社会治理)信息化公司。公司常年服务于政府城市管理成员单位，是政府授权的智慧城市管理信息化平台合作商，为城市精细化管理趋势提供专业咨询、标准建立、系统搭建、运行维护及网格员培训等一站式服务。

公司致力于智慧城市管理、社会综合治理相关研究，努力将国内、国际先进的物联网、大数据、人工智能等创新技术与本地实际相结合，全面做好相关政策、技术的转化落地。重点开展智慧城管、智慧市政、智慧社区等方面的应用研究，全面提升城市管理的科学化、精细化、智能化水平，是集专业信息技术咨询、软件开发、系统集成、信息技术运维于一体的整体解决方案服务商。

克拉玛依市城市综合服务中心与中国石油大学(北京)克拉玛依校区、克拉玛依天地图网格科技有限公司共同签署了战略合作协议，共同举办了"智慧城管，贴心服务"城市管理信息化微论坛，三方通过从学术交流、技术交流、学生实践等三方面开展产学研深度合作，为克拉玛依城市管理信息化平台系统建设持续提供智力支持。目前，城市管理共有以下几方面工作机制。

1) 城市管理常态考核机制

将《克拉玛依市城市管理考核办法》完善为《克拉玛依市城市精细化管理考核办法》，建立日检查、周巡查、月点评、季考核的工作制度。网格员每日对现场进行巡查，每周对现场检查结果进行反馈，每月对问题整改情况进行对比，对薄弱环节进行点评，每季度召开城市管理工作会，对市级各部门、各区城市管理情况进行考核排名，如图2-4所示。通过坚持属地管理、分级负责，强化问题导向，高位推动协调解决城市运行管理中的难点、热点问题。

图 2-4　克拉玛依市城市精细化管理考核办法及每日巡查

2) 城市管理常态落实机制

建立城市管理片区长责任制度。由市长、各副市长，区长、各副区长分别担任市级和区级片区长、副片区长的责任体系，分级负责城市管理工作。通过坚持属地管理、分级负责，强化问题导向，高位推动协调解决城市管理中的难点、热点问题。

建立常态化视频巡查制度。城市管理共享雪亮工程监控视频，每周对道路、公园景区、商业街区、小区的视频监控进行巡查，发现问题即通过城管平台上报工单。当出现暴雨、大风等恶劣天气时，采取现场检查与视频巡查结合的方式，对积水点位、工地围挡、建筑外立面等方面进行检查。例如，通过视频巡查时发现白碱滩区翠林小区西侧存在偷倒建筑垃圾现象，发现这些问题后，第一时间通过市级督查将案件派遣至白碱滩区进行处置，充分发挥视频巡查高效便捷作用，大大提高了指挥协调的实时性，提高了对各类事件的反应速度。

建立常态化联合检查制度。城管委办公室会同住建局、卫健委、文体局不定期开展市容市貌、环境卫生、景区管理等相关行业联合检查，对检查出来的反复发生的问题及时进行深入分析，不断提高行业管理水平。例如，2021年，市城管委办公室联合市住建局对各区绿化合同落实情况进行了检查，督促各区绿化主管部门加强合同考核管理，确保养护单位按合同要求完成好绿化工作。

建立事部件动态管理制度。市住建局、市委组织部、市委政法委共同制定了《克拉玛依市域治理网格管理实施方案(试行)》，实现了党建网格、综治网格、城管网格"多网合一"，建立了网格内事部件类别及城市管理标准动态监管机制，将网格内事部件的类别分别与城市管理的标准、责任单位一一对应，对网格内相关要素实现了动态管理。当网格内新增管理部件时，及时明确部件管理标准、立结单标准、处置时限、责任单位，确保网格内各类事部件标准化管理。例如，街道督察员巡查时发现/街面突发跑水事件，随即拿出手机登录"贴心城管"App进行上报，区级值班长第一时间看到问题后，立即将工单派遣至职能部门进行处置，处置结束后，经网格员现场确认，并将工单办结，通过信息化处置流程，进一步提升了处置效率。

建立城市管理不文明行为曝光机制。市城市综合服务中心、市委宣传部共同建立了不文明行为曝光机制，重点对小区、商业街区、道路、公园景区不文明行为在电视、电台、报纸以及抖音，微信小程序等多种渠道进行曝光，引导市民群众杜绝不文明行为，提升全市文明水平。例如，在微信公众平台开设了"不文明行为曝光台"栏目，每周对乱停乱放、乱堆乱扔等不文明行为进行曝光，如图2-5所示。

图 2-5　全国文明城市实地检查不文明行为曝光机制

3) 城市管理数据分析机制

找准城市管理薄弱环节是提升城市精细化管理水平的重要举措。克拉玛依市充分利用城市管理已有大数据进行深度分析，从数据中查找问题、分析问题，确保精准施策。

一是对城市管理数据进行实时、常态化分析汇总。对案件高发网格、职能部门工作落实情况等进行自动排名，对高发问题类别、高发问题区域等进行预测预警(见图2-6),并及时将分析结果反馈各区,作为制定各项城市精细化管理措施的重要依据,确保各项政策措施更加精准有效。

二是定期开展专项大数据分析工作。定期对市民群众通过12345、12319反映的各类问题进行专项深入分析,切实找准问题发生的根本原因,并及时将数据分析结果反馈至各行业管理部门,不断提升行业管理部门的专业化服务水平。2019年以来,克拉玛依市先后开展管线破裂等大数据专项分析29次。

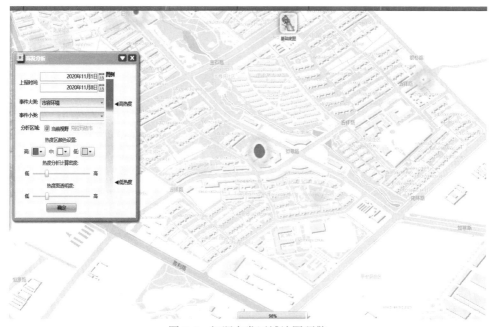

图2-6　问题高发区域地图预警

4) 城市管理经验总结机制

2019年以来,为创新管理方式、树立管理典型,总结管理经验,在克拉玛依区、独山子区、白碱滩区、乌尔禾区各选取一个街区、一条道路、一个景区、一个小区作为标准化管理创建示范点,率先开展"特色街区、样板道路、示范小区、美丽公园(景区)"创建活动,如图2-7所示。对创建示范点区域实行"零容忍",即亮灯率、设施完好率必须达到100%,不文明现象必须100%杜绝。通过狠抓标准落实、开展巡查整治、提高问题处置效率、总结提炼创建经验,树立一批城市管理典型,总结一批管理经验,建立一批长效工作机制,不断提高城市精细化管理水平,以点带面推进美丽克拉玛依建设。例如,克拉玛依区在小区设置了大件垃圾堆放点,以解决大件垃圾乱堆放问题,独山子区楼道设置了小广告张贴栏,以规范小广告发布,这些经验在各区均得到了推广应用。

图 2-7 克拉玛依市城市精细化管理"四个一"活动经验汇编

2.2.2 塔城地区智慧城管建设

塔城市智慧城管平台总体建设原则按照地市州—区县两级一体化部署，按照"统一规划、资源整合、信息共享、提高效能"的原则，坚持高标准推进、统筹规划、资源共享、注重实效创新、因地制宜、重点突出、广泛参与，使平台建设更加便民化。城市智慧治理管理平台由"1+N"构成，其中，"1"是信息基础平台，"N"是多个应用子系统。基础平台负责组织机构管理、用户管理、权限管理、数据字典管理、安全审计、性能监控等，是各业务子系统的载体，可以实现各业务子系统的数据共享与交换、业务协同、消息推送等。城市智慧治理管理平台有8个模块，实现了6个功能。

8个模块分别是：

城管局领导专用模块，局长通过"城管通"App纵览全体队员在线情况，包括以年、月、周和日为统计单位的事件情况统计、车辆违停上报情况统计、门店门前三包情况统计、大车进城路单情况统计、先行登记保存情况统计和市民牌匾申请情况统计。通过此模块，可以有效掌握全局工作动态。

城管随手拍功能模块，主要用于发动全局工作人员全员城管工作模式。当该局工作人员发现局职能范围内的工作，又不便于处置时，可通过城管随手拍功能快速发起事件，并通过城管通转交给相关人员。

车辆违停上报模块，主要用于在城市道路两侧人行道、绿化带内乱停乱放机动车的管理工作。此模块现场采集数据，系统要求执法队员采集相关有效数据后，可自动生成违法行为告知单，为后续行政处罚打好基础。模块内所有环节都与相应行政处罚相对应，根据开展行政处罚工作需要，现场采集的证据可以满足后续行政处罚案卷立案要件需要。

先行登录保存功能模块，主要用于执法队员对占道经营流动小商小贩经营物品留置物品的登记工作。执法队员现场查扣物品后，现场为当事人出具查扣清单，相关信息及时上传到智慧城市平台，可对查扣行为进行有效监督。

大车进城管理模块，主要针对运送货物和运送砂石料(需要密闭)车辆的管理工作。全体执法队员可以查看有效路单情况，对不按路单行驶行为进行及时管理。通过与相关单位数据共享，使用"城管通"App调取货车行驶轨迹，有效管理私排乱倒垃圾行为。

城市部件采集模块，主要用于少量新增城市部件的管理工作，通过"城管通"App，可以将新增城市部件及时录入到智慧城市平台里。

市民参与城管模块，主要用于市民对发生在自己身边的部件、事件上报，增加市民参与城管途径。

网上审批模块，含牌匾申请审核和大车进城路单申请审核两部分。申请人可以通过关注"塔城知道"微信小程序上传相关文件，网上发起牌匾申请和大车进城路单申请。

6个功能分别是：

行政执法案件辅助功能。针对行政执法案件牵涉相关要件较多，行政处罚行为较为敏感的特点，为避免行政处罚行为有瑕疵，行政执法案件辅助功能以计量认证工作模式为蓝本，有效管理行政处罚行为各个时间节点和每个环节方法步骤，提高行政处罚案卷质量。

违法告知单等相关单据现场打印功能。使用蓝牙打印机，现场将违法行为告知单打印并送达。

文字、图像自动识别功能。自动识别车牌号、手机号、店铺名等信息，有效提高执法队员工作效率。

自动定位功能。自动将位置信息填入执法队员上报信息框位置信息处，便于执法队员操作。

大车在城区内未办理路单私自上路行驶行为自动分析并上报功能。通过对塔城市建城区进行打点定位标注范围，在此区域内行驶但未开具路单车辆的行驶信息会以强提醒的方式在城管通App上提示给相关工作人员。

相关平台视频自动分析并将结果上报功能。通过获得相关单位街面视频后，对城市事件、部件进行比对分析，将异常情况上传到平台。

2.2.3 阜康市智慧城管建设

1. 阜康市智慧城管建设概述

近年来，阜康市委、市政府制定了建设开放包容、变革创新、和谐幸福"新阜康和建设国际旅游名城"的总目标。阜康市城管局是全市城市管理工作的核心部门，对提升旅游城市形象、实现阜康旅游产业目标起到关键性作用。为此，阜康市城管局结合实际工作需要，按照自治区加快推进城市运行管理服务平台建设要求，打造了具有阜康特色的"一库、一平台、N应用"智慧化平台，实现城市问题"一屏通览、一网统管、一体指挥、一端服务"。

阜康市城市运行管理服务平台建设项目是"阜康市城乡人居环境治理项目"中的一部分。该项目于2019年12月立项，在2021年5月启动设计，由中国电信昌吉分公司负责实施，于2022年2月完成建设，目前处于试运行阶段。

阜康市还配套建立了如下相关工作机制。

一是网格统筹机制。按照"边界清晰、大小适当、有机统一"的原则，科学划分网格，以社区网格为基础，形成"横到边、纵到底、全覆盖、无缝隙"的服务管理责任网格。

二是协同办公机制。平台运行循序渐进，智慧城市运指挥中心初期通过"职能整合+入驻"方式构建协同处置体系，后期通过市场化服务打造专业团队体系，促进平台长效运行。

三是问题处置机制。按照网格化管理模式，将各级处置力量下沉到网格，优化闭环的管理流程，减少管理层次，通过明确问题的处置流程及责任机制，实现问题的扁平化处置，有效促进城市管理模式向标准化、精细化、常态化的转变。

四是案件考核机制。制定完善《阜康市智慧化城市管理项目责任单位考核办法》，定期形成部门综合考核结果，纳入全市绩效考核总成绩，对各部门进行统一考核。

五是运行分析机制。平台定期对问题的处置情况、系统的运行情况、各类问题的产生规律进行分析研判，形成综合分析数据，协同各职能部门进行会商，对各项城市管理标准的执行情况进行检验，对需要执法的问题做出决策部署，查找管理漏洞、不断优化各类问题的处置流程，修订相关问题的处置标准，推动网格化工作体系高效运行，推进源头解决问题。

2. 阜康市智慧城管建设成果

阜康市智慧城管建设了7个综合应用(大数据分析一张图、视频智能分析、指挥协调系统、指挥调度、公众服务、指导系统、数据资源中心)、8个行业应用(智慧执法、智慧环卫、智慧园林、智慧市政、共享单车监管、智慧停车监管、智慧渣土监管、垃圾分类平台)。现阶段,通过接入6170个物联网设备、140盏智慧路灯、160路摄像头、59类城市管理问题自动发现,实现了摸清家底、建档建库;打造了一屏通览、一网统管、一体指挥、一端服务的智慧城市指挥中心;并对城管执法、市容环卫、园林绿化、市政服务业务进行了智慧化管理升级。通过项目建设,阜康市城市运行效率和风险防控能力得到明显增强,城市科学化精细化智能化治理水平实现大幅提升,阜康市智慧城市体系建设初具规模。具体的建设成效如下所示。

一是摸清家底、建档建库,为城市治理提供"精准导航"。经过数据普查和建档建库,接入了1487万条数据,涵盖了执法、环卫、园林等16类数据源,形成城市基础数据、运行数据、管理数据、服务数据等5大数据库,初步形成阜康城市管理工作全覆盖的数据资产,实现数据共享交换。目前,已完成阜康市15平方公里无人机摄影及城区各类设施60 756个的确权和入库工作,对每一件市政设施、树木、井盖等资源都进行了编号,每个资源设施都拥有自己独一无二的"身份证"同时,还能查看到给它们分配的专职"管家"和"医生"。当市民或网格员反馈城市事部件问题时,可以精准定位到问题的权责单位进行处理。

二是城市运行、一屏通览,身临其境感知城市动态变化。在过去,各级领导只能通过听汇报、看报告的形式来了解城市管理工作情况,信息了解不及时。现在,通过一屏通览的方式,能更实时、生动、客观地全面了解城市运行情况。规划建设了综合态势、神经元专题、城市体征、智慧执法等七大专题,实现"一张图"服务的全景城市管理新模式。围绕城市运行管理服务的实际工作,构建了执法、环卫、园林、市政4个维度的管理要素,可以掌握城市整体运行情况。过去,需要用人工巡查方式,来发现城市的大街小巷中的问题,问题发现和处理不及时。现在,通过接入6170个物联网感知设备,进行全天候、全区域的问题发现,24小时不间断地对城市问题的违法行为进行识别分析和发现。发现的问题会在指挥中心进行智能报警,并自动上报到指挥协调处置端进行处理。依靠物联网设备对车辆作业情况进行监管,如洒水车的作业轨迹,可以看到当天开始作业时间、行驶时间和停留时间等,如有违规行为,指挥中心立即报警,坐席员及时联系环卫公司提醒其规范作业。目前,阜康视频AI智能分析算法已经实现了59类违法行为的智能分析,例如,非机动车乱停放、店外经营、暴露垃圾等。通过平台，能看到智能分析的摄像头的位置分布、摄像头的现场实时画面，从而实时预警问题，并了解哪些摄像头监控范围内的问题发生率比较高。自试运行来，"神经元"已经发现城市问题700余件，实现机器代人发现问题，切实做到"在群众反馈之前发现问题""在群众投诉之前解决问题"。

三是城市问题、一网统管，用指挥协调跑出"加速度"。一网统管的核心是指挥协调，主要职责是发现问题、解决问题和监督考评。过去，阜康主要靠人工巡查和市民投诉发现问题，对民众诉求响应不够及时。现在，将阜康市主城区划分为15个责任网格，将一大队两中心的网格员、环卫园林绿化工人等作为网格内一线问题采集员，充当城市"千里眼"，快速发现和处置问题。目前，平台日均处置问题一百余件，平均处置时间在24小时内。同时，通过对城市问题的高发情况进行自动分析，以"红橙蓝三色预警"的方式来直观显示案件高发网格，便于科学化地对责任网格进行调整。网格员除上报问题外，每日自行处置市容市貌类问题四十余件，实现了"小事不出格，大事不出网，问题零遗漏"。此外，为强化事件处置效能，将影响市民安全、城市容貌的微小问题按照"即坏即修、应快尽快"原则高效处理。现在，单个问题的发现时间最短为5秒，处置时间至少缩短为原来的一半，且每个网格员每天能处置的问题数量达到原来的5倍以上。

四是应急调度、一体指挥，为应急指挥装上千里眼和顺风耳。为了更高效地应对城管工作中的各种突发状况，保障群众安全，解决群众问题，可视化指挥调度系统做到了"看得见、听得着、找得到"。在指挥中心的地图上，直观展示了网格道路、人员、摄像头、巡查车等要素的分布。通过地图上展示的巡查采集车的实时位置，调取巡查车辆的监控视频，可以查看巡查的实时情况。也可以通过语音对讲、视频回传等形式，与现场的巡查人员保持沟通。除了常态化调度工作外，可视化指挥调度系统还用于应对疫情防控、极端天气、防汛防涝等应急工作及重大活动保障。全力做好"六稳""六保"工作，创造和谐稳定的社会环境。

五是便民利民、一端服务，把"我为群众办实事"落到实处。阜康市城管局提倡"人民城市人民建，人民城市为人民"的理念，开发了城市管理公共服务公众号，鼓励市民参与发现城市问题，并通过微信公众号反馈给有关部门。后台审核信息属实后，再向提供线索的市民给予积分奖励。市民可以使用积分兑换礼品，形成良性循环，终止了政府部门唱"独角戏"的管理方式。此外，通过微信公众号，也向市民、游客提供游公园、找公厕、去停车等便民服务，不断提升政府的服务属性，为市民、游客提供更贴心的指南。

六是行业管理、智慧升级，以"绣花"功夫擦亮城市窗口形象。阜康市专门针对以往城市管理中的重点问题，对执法、环卫、园林、市政等业务进行智慧化改造升级，大幅提升城市管理精细化、智慧化水平。"执法+智慧化"，建设集执法案件在线办理、执法对象统一建库、执法过程全面监督于一体的智慧执法系统，为规范执法、智慧执法、阳光执法提供"一站式服务"。"环卫+智慧化"，通过智慧环卫系统，将PM监测、环卫工人、环卫车辆、垃圾中转站和公厕全部统一管理，助力城市环境卫生质量的提升，擦亮城市的形象窗口。例如，阜康市试点5个智能垃圾分拣房，将现代技术运用到垃圾回收中，探索新型的智能垃圾回收管理模式，实现"自动称重""自动积分"的效果。针对可回收物，居民可直接在智能垃圾分拣房中扫码进行回收，智能垃圾分类设备内设置有称重传感器，用户投递后便会自动对居民投入的垃圾进行称重，利用物联网卡将相关数据传输至云数据平台，并实时给予居民相应积分奖励，用于兑换生活用品，激发大众参与垃圾分类的积极性，培养大众的环保意识。再比如，在渣土车管理方面，目前对阜康2个运输公司、96辆渣土车进行建档管理，并规划渣土车的运行路线，接入渣土车的GPS信息，可以实时监测渣土车的位置和行驶路线。如果渣土车辆未按规定时间和路段进行违规行驶，系统就会自动报警，根据权责范围自动指派给环卫园林服务中心，去现场迅速准确进行处理。处理完成后，可将处置结果上报指挥中心，降低渣土车的违规情况，保障景区和重要区域的道路干净、有序。"园林+智慧化"，将23个公园、19个绿地、绿地设施等城市绿化资源建档建库，进行统一数字化管理。一旦有毁绿占绿的事件发生，可以将系统数据和现场勘察情况进行时空对比分析，让绿地管理"有据可查""有据可依"，切实保护好城市绿化资源。"市政+智慧化"，阜康市共有路灯4000多个，以前每天晚上只靠人工巡查，工作量大而且效率极低。现在，在新运路试点135盏智慧路灯，实时监测路灯状态，系统可以设置自动开关的时间策略，实现路灯远程自动开灯、自动关灯。同时，所有路灯在地图上能实时查看路灯的位置、亮灯及用电情况，如路灯出现电压过高或过低，地图上马上就能报警，并自动派给附近市政人员去现场处理，提高对问题的定位及解决效率，实现路灯智能化管理。此外，对于以往无法追踪的破坏护栏后逃逸的行为，现在通过路面的摄像头进行远程视频巡查，可以及时发现护栏倒伏、移位等问题。当护栏被故意破坏时，摄像头会自动取证破坏行为，便于找到当事人，实现护栏设施的日常监管。后续会增加更多的智慧路灯、摄像头，帮助实现更大范围的智慧巡查。"共享单车+智慧化"，共享单车为市民出行提供了便利，但是因为停车管理不规范的问题，也给城市秩序和城市形象造成了极大的压力。为了改善这一现象，阜康市建设全疆首个共享单车治理系统。通过划定规范停车区域和禁停区域，接入1557辆共享单车的GPS实时定位。同时，对未按规定停放，或在禁停区域停放的车辆，会自动报警到指挥中心，并根据权责范围自动指派给调度人员及时处理，实现共享单车的自动化监管，减少乱停放的问题。

通过阜康城市运行管理服务平台，摸清家底、一屏通览、一网统管、一体指挥、一端服务、智慧升级的6大建设成效，让城市管理从"经验治理"转向"科学治理""精准治理"，提升城市精细化、智慧化治理水平。

2.2.4 奎屯市智慧城管建设

2013年，奎屯市被列为国家首批90个"智慧城市"试点之一。奎屯市智慧城管平台包括"数字城管"信息软件平台建设、监督指挥中心硬件建设、城市管理综合管理考核指标体系三方面。平台应用数字语音系统整合"千寻"违法图像智能分析系统、案件大数据可视化平台、市民平台等多项信息化管理应用，通过12319市民服务热线，24小时受理群众各类投诉和建议。2019年6月，城市管理监督指挥中心升级为政府公共服务中心，机构规格调整为正科级。奎屯市智慧城管平台对两大管理体系进行了深入建设。

1. 积极构建精细化管理体系

一是网格化精准城市管理。研发沿街商铺基础信息采集系统，由社区城管站长持采集客户端录入沿街商铺门前三包、建筑面积、结构及年代等基础信息并进行业信息分类，便于快速查询核实，提升城管执法、办案效率。

二是信息化精细城市管理。共享公安、综治视联网、停车场、物业视频监控，通过AR实景地图，依托地空联动，对户外广告、暴露垃圾、流动摊点等违法行为自动分析、自动报警，形成一体化综合信息应用体系，实现监测可视化、管理可视化、城市管理智能化。

三是渣土运输智慧监管。依法对建筑垃圾运输车辆实行"准入制"管理，市属所有建筑垃圾运输公司运输车辆统一安装车辆密闭设施、北斗定位系统，平台数据共享至政府公共服务中心平台以实时监督巡查，有效解决渣土运输抛洒滴漏、超载超速和不按规定路线行驶问题。

2. 推进智能化城市管理体系

一是智慧市政。通过照明智能控制系统24小时不间断监管，短信推送故障地点，有效改善"人员少，巡查难"的问题。根据不同需求时段实现单灯控制，节能降耗。团结南街、北京路等10个路口信号灯实行"单向绿波带"管理，并在2021年引进"智慧红绿灯"管理系统，通过在红绿灯旁加装摄像头，后台服务器平台将车辆等待区车辆现况结合算法进行自动分析，调整事先设置好的时间幅度，使车辆通行效率明显提升。

二是智慧环卫。环卫工人配备智能对讲设备和城市管理袖标，对不文明行为进行监督，通过手持终端实时了解作业轨迹，及时调整作业频次和人员数量，确保环卫作业高效运行。对果皮箱及小区内垃圾箱加装满溢传感器，当数值近满时，告知环卫处安排处置人员精准清收。

三是智慧公厕。开启"城市公厕云平台"，为市民提供公厕一键查询、导航等服务。全市公厕配备空气质量检测仪、智能人脸识别厕纸机、电子智能统计器等设备，设置"第三卫生间"、厕纸、洗手液、便民服务箱、自助手机充电、雨伞、自动擦鞋器、城市书吧等便民服务设施，共享"星级"如厕体验。

四是智慧物业。搭建智慧物业平台并覆盖全市66个小区。用大数据建设物业企业诚信评价体系绩效指标，监管全市44家物业公司的后台数据。系统平台服务于业主和物服企业，实现"智慧物业"政府职能部门监管实现指标化，直观呈现物业投诉评价、小区基础信息、公共安全巡查登记台账，小区环境卫生及智慧停车等。

五是智慧执法。配备远程执法记录仪、图传车、无人机等用于违章建筑拆除、市容环境综合整治执法取证，通过"空中+地面"工作模式，有效解决因地形、现场环境无法取证的问题。同时，配备"城管执法网上办案软件"，主要使用单位为城市管理执法大队，固化执法办案标准、提高办案效率、实现线上审批流转等功能。城管执法车辆统一安装北斗定位系统，政府公共服务中心根据案件发生地点就近派遣执法车辆进行处理。推进执法力量下沉，在全市6个街道、1个乡、41个社区设立社区城管服务站，建立"城管+物业"工作模式，拓宽城市管理范围。推行"公安+城管"模式，提升城市治理效率，实现了"1+1>2"的城市治理效果。

六是智慧工地。接入文明工地系统平台，进一步加强建筑工地监管，确保"环境保护"和"安全生产"各项措施落细落实。通过查看平台，可以了解在建项目、实际在岗施工企业，实现对施工现场多方位的实时监控。对建筑工地扬尘治理"六个百分百"随时巡查。发现扬尘污染、施工噪声等问题，中心及时联系应急小组前往现场核实处理。

七是地上地下三维建模。三维建模的建设使用可以明确并及时派遣责任单位，为城市管理提供数据支撑。地下三维建模包含了全市"供水排水、供热供气、通信管线"等内容，在进行路面开挖、地下管网改造前，工作人员可通过三维建模查看"地下管网走向""管线的产权单位""线型材质"等基本资料。

第3章 智慧市政建设

3.1 自治区城市运行管理服务平台智慧市政建设概况

3.1.1 建设背景

随着我国城市化进程突飞猛进，人口管理、交通拥堵、环境保护、公共安全等诸多问题接连出现，给市政管理带来了很大压力。然而，在传统市政管理模式下，市政设施的日常监测不完善、安全隐患发现难、养护维修成本高、问题反馈解决机制不畅等情况，带来了路面塌陷、积水频发、井盖损坏丢失等一系列问题，不仅影响了市民正常生活，还影响了城市的形象，甚至会带来严重的社会管理危机。在此背景下，近年来，城市管理领域的重大变革，即智慧城市模式所具有的全面透彻的感知、宽带泛在的互联、智能融合的应用、以人为本的可持续创新等特征，为变革现行的市政管理模式、提升城市市政管理水平提供了契机。

智慧市政是智慧城市建设的重要组成部分，是智慧城市发展的基础，对智慧城市的发展具有十分重要的作用。"智慧市政"是以地理信息系统、城市网格化管理系统和数字化城市管理系统为基础，充分利用物联网、云计算等现代信息技术，从城市规划设计、城市建设、城市运营管理、市政设施设备运行管理等生命周期全过程，对各类信息资源进行收集、整理分析，对市政设施及相关系统的各方面数据进行全方位的信息化处理和利用，对城市公共资源进行有效的感知、监控和管理，实现自动监测、预警、告知、反应的城市设施智能监测及控制体系。

住建厅高度重视智慧市政建设，综合利用各类监测监控手段，强化视频监控、环境监测、交通运行、供水供气供热、生命线保障等城市运行数据的综合采集和管理分析，建立用数据说话、用数据决策、用数据管理、用数据创新的新机制，推动实现城市治理体系和治理能力现代化。

2020年8月，住建厅按照《住房城乡建设部办公厅关于做好城市综合管理服务平台建设和联网工作通知》要求，为加快推进全疆城市综合管理服务平台建设和联网工作，决定在城市综合管理服务平台、智慧社区(小区)、智慧市政和智慧城管4个方面开展试点工作。要求建设基于"互联网+市政管理"理念的智慧市政一体化管理系统，完成供水、燃气、供热、路灯等智慧试点建设任务。同时，为指导和规范城市综合管理服务平台建设，住建厅编制印发了《新疆维吾尔自治区城市综合管理服务平台建设导则》，导则明确市县级城市综合管理服务平台根据本地实际，建设智慧社区、智慧市政等行业应用系统。其中，县市级智慧市政管理系统建设内容是：对辖区内所有市政设施进行全面普查摸底，建立市政设施综合数据库，并提供可持续的数据更新服务。系统包括市政设施数据管理、物联网监测、日常巡查养护、考核评价等基础模块，以及供水、排水、城市照明、燃气、供热设施及地下管网、道桥、公厕、城市黑臭水体、海绵城市及城市地下综合管廊等专项应用系统。基层单位服务平台的智慧市政系统建设内容包括：在充分整合现有市政基础设施资源基础上，通过互联网、物联网、共享交换等信息技术，提高对市政基础设施建设、运营维护及安全管理水平，实现全流程自动化监测、数据实时监测和上传，提高市政公用事业的服务质量和群众满意度。

2021年12月，住建厅编制发布了《新疆维吾尔自治区智慧水务场景化应用指南》《新疆维吾尔自治区智慧燃气场景化应用指南》《新疆维吾尔自治区智慧供热场景化应用指南》《新疆维吾尔自治区智慧社区(小区)场景化应用建设规范》等4个场景应用指南(见图3-1)，结合前期已印发实施的智慧市政、智慧社区等建设导则，住建厅已经建立起了导则、场景应用、现场案例全方位的城市运行管理服务标准体系。同月，为加快全疆城市运行管理服务平台建设，住建厅开展了实地部署指导工作，印发了《自治区城市运行管理服务平台与各地州市系统接入部署方案》，方案中明确了各地州智慧城管和智慧市政系统对接的责任部门和对接内容。

图 3-1 《新疆维吾尔自治区智慧水务场景化应用指南》《新疆维吾尔自治区智慧燃气场景化应用指南》《新疆维吾尔自治区智慧供热场景化应用指南》《新疆维吾尔自治区智慧社区(小区)场景化应用建设规范》

2021年，自治区印发智慧市政、智慧社区等建设导则后，为将导则与市民群众实际应用需求相结合，专门编制了相关场景应用指南。智慧水务场景应用重点突出对市民群众科学用水的实时检测以及水务公司供水安全全过程的场景监控。智慧燃气重点突出了燃气生产使用过程的安全监管应用场景，确保市民群众用气安全。智慧供热场景应用重点突出了供热公司热网自动平衡，居民家中低温报警等供热企业与市民群众之间的应用场景。智慧社区重点聚焦市民群众诉求反映，便民服务，政策咨询等方面进行了场景应用开发。通过应用场景开发，真正将信息化平台建设与为民服务工作有机结合，全面提高市民群众的获得感、安全感和幸福感。

住建部已批准发布的行业标准《城市运行管理服务平台技术标准》(CJJ/T312-2021)自2022年1月1日起实施。住建厅日前颁布实施的城市运行管理服务平台相关应用指南，为全面贯彻落实城市运行管理服务平台建设奠定了基础，也是全国范围内率先印发实施场景应用指南的省份。目前，克拉玛依市等相关城市已按照住建厅场景应用指南的有关标准，对应用场景进行了再次细化分析，全面打造自治区级、地市级、县区级应用场景体系。

根据住建厅关于智慧市政有关文件要求，近年来，将重点实施智能化市政基础设施建设和改造。深入开展市政基础设施普查，摸清设施种类、构成、规模等情况，梳理设施产权归属、建设年代、结构形式等基本情况，全面掌握现状底数，从而得到设施普查成果。根据普查成果，编制智能化市政基础设施建设和改造项目清单，明确智能化建设和改造任务，制定建设改造行动计划，有序推进智能化市政基础设施建设和改造。推进智能化感知设施建设，应用5G、大数据、云计算、智能传感设备等技术手段，努力实现对市政基础设施运行数据的全面感知和自动采集，落实全过程管理理念，逐步建立覆盖生产、运维、监管、服务、应急等全方位的智慧城市基础设施系统。加快推进智慧灯杆等多功能智慧照明体系建设，强化系统规划、统筹实施，努力将各地数量众多、覆盖广泛、分布均衡的照明灯杆建成智慧城市的信息枢纽和数据节点。建立市政基础设施智能化管理平台，在设施建设和改造基础上，严格按照《新疆维吾尔自治区智慧市政建设导则(试行)》等相关技术标准规范，同步建立和完善智慧市政管理平台，实现设施信息的共建共享，满足设施规划建设、运行服务、检测预警、应急防灾等工作需要。充分发挥智慧市政平台作用，将城市市政基础设施日常管理工作逐步纳入平台，对水电气等运行数据进行实时监测、模拟仿真和大数据分析，实现对管网漏损、防洪排涝、燃气安全等及时预警和应急处置，逐步实现管理精细化、智能化、科学化，进一步提高市政基础设施运行效率和安全性能。

3.1.2　建设目标

依托自治区及地州级智慧市政管理系统的建设，自治区可接入各市县(区)智慧市政管理系统。自治区及地州级智慧市政管理系统通过单点登录链接访问的形式，访问各县(市、区)市政管理系统，实现辖区下市县市政公用事业服务的实时监测、智能告警、长效考核，构建可持续的市政公用事业综合监管新模式，有效加强对各市县市政企事业单位进行监督、评价、考核，提高市政公用事业的服务质量和群众满意度。

3.1.3　建设内容

按照《新疆维吾尔自治区城市综合管理服务平台建设导则(试行)》要求，市级和县(市、区)级智慧市政管理平台建设对辖区内所有市政设施进行全面普查摸底，建立市政设施综合数据库，并提供可持续的数据更新服务。市级和县(市、区)级智慧市政管理平台系统包括市政设施数据管理、物联网监测、日常巡查养护、考核评价等基础模块，以及供水、排水、城市照明、燃气、供热设施及地下管网、道桥、公厕、城市黑臭水体、海绵城市及城市地下综合管廊等专项应用系统。其中，城市黑臭水体、海绵城市及城市地下综合管廊采用住建部"全国城市黑臭水体整治监管平台""海绵城市建设项目库信息系统"及"全国城市地下综合管廊建设项目信息系统"。同时，根据项目实际情况，建设供水、排水、供热、燃气、道桥、照明、垃圾处理、园林绿化8个行业管理系统。具体建设内容如下。

1. 城镇供水管理平台

(1) 城镇供水企业基本信息管理：企业名称、地理位置信息(实现定位功能)、企业性质(国有、民营、私营)、所属部门(住建、城管、税务)；人员基本信息及构成(身份信息、管理人员、高级工程师、工程师、助理工程师、高级技师、工人)、法人、技术负责人、联系方式等信息管理。

(2) 城镇供水厂基础信息管理：供水厂名称、供水厂地理位置信息(用以实现定位功能)、人员基本信息(主要负责人、安全生产负责人、联系人、联系电话等)、供水厂设计规模(万立方米/日)、总投资、建设时间、投入运行时间、实际日供水能力(万立方米/日)、净水工艺(简易、常规处理、深度处理)、水质检测实验室建设、检测人员、检测设备、检测能力(日检测10项、月检测42项、年检测106项)、供水管网(老旧管网、新建管网)信息、管网网络图、管径信息等信息管理。

(3) 城镇供水设施运行维护及安全管理：供水厂水源的场景视频数据(视频监控数据)、水源种类(地表水、地下水、地表水和地下水混合)、水源地水质；原水输水管线总长度(公里)、管网压力、流量信息；供水厂场景视频数据(视频监控数据)、供水厂进水水量、进水水质、出水水量；供水设施运行维护及安全管理数据(出厂水质、制水全过程安全生产管理、设施安全运行巡检记录、危化品管理信息、消毒设施运行数据)、日供水总量；出厂水输水管线总长度(公里)、管网水量、管网压力、管网水水质、管网维护安全管理数据(巡检台账记录)、公共管网漏损率控制数据(超过10%即预警功能)等信息管理。

(4) 下游用水户信息管理：商业用水户、工业用水户、居民用水户数、用水总量(商业、工业、居民、绿化用水、消防用水量等)等信息管理。

(5) 应急保障能力建设信息管理：应急车辆信息、应急报警、应急值班电话、公共管网漏损率控制数据等信息管理。

2. 城镇排水及污水处理管理平台

(1) 城镇污水处理运行管理企业基础信息管理：企业名称，人员，法人，技术负责人，联系方式等信息管理。

(2) 城镇污水处理厂上游排水管网基础信息管理：服务片区管网运营单位名称、是否"厂网一体"、排水管网总长度(公里)、管径、管材、流量、管网投运时间；工业、建筑、餐饮、医疗等行业排水户排水量，排水水质(污染物浓度)，排放口位置数量，列入重点排污单位名录的排水户等信息管理。

(3) 城镇污水处理厂基础信息管理：污水处理厂名称、地理位置信息(实现定位功能)、场景视频数据(视频监控数据)，建设运营模式(引入社会资本建设运营，如建设-运营-移交(BOT)/建设-移交(BT)/转让-运营-移交(TOT)/改建-运营-移交(ROT)/设计-建设-融资-运营(DBFO)/设计-建设-运营(DBO)等、事业单位运营、政府自运营、其他)，运营单位性质(国有、民营、混合所有制、外商独资、中外合资、事业单位、政府和社会资本股权利合作、其他)；人员基本信息(主要负责人、安全生产负责人、联系人、联系电话等)、污水处理厂设计规模(万立方米/日)、总投资、建设时间、投入运行时间、实际日处理能力(万立方米/日)、污水处理工艺，污泥处理工艺，污泥处置方式，再生水深度处理工艺，再生水用户信息，再生水需水量信息；水质检测实验室建设、检测人员、检测设备、检测能力(日检测12项)等信息管理。

(4) 城镇污水处理厂运行及安全管理基础信息管理：总进口(水量、生化需氧量(BOD)、化学需氧量(COD)、pH、氨氮、温度、总氮、总磷、固体悬浮物(SS)、粪大肠菌群等在线监测数据)、格栅间、生物处理车间、供气系统设施、污泥处理车间、再生水深度处理车间、消毒车间设备运行信息数据，总排口(水量，BOD、COD、总氮、总磷、氨氮、pH、SS浓度、粪大肠菌群等在线监测参数)，污泥处理车间出口(产量、含水率)、再生水深度处理车间出口(水量、水压、BOD、COD、总氮、总磷、氨氮、pH等在线监测数据)；污泥运输、处置信息数据(污泥日产生量、污泥去向，运输车辆，日处置量信息)等信息管理。

(5) 城镇污水处理厂下游排水管网基础信息管理：排水管网管径、管材、流量、管网充满度、检查井标高、管段长度、管网投运时间；再生水管网管径、管材、水压、流量、检查井标高、管段长度、管网投运时间、再生水用户水量、水压等信息管理。

(6) 城镇污水处理厂应急保障能力建设基础信息管理：应急池规模、应急处理工艺、人员队伍建设、应急预案、应急报警、应急值班电话等信息管理。

3. 供热行业管理平台

(1) 城镇供热企业基础信息管理：企业名称、地理位置信息(实现定位功能)、企业性质(国有、民营、私营)、人员、法人、技术负责人、联系方式、供热周期、热源种类、供热面积、供热户数、供热能力、换热站数量、一次热网长度、二次热网长度、热网改造情况、热价、燃煤储备情况(应储、实储、储煤率)

等信息管理。

(2) 城镇供热设施运行基本信息管理：热源监测数据、地理位置信息(实现定位功能)、热源场景视频数据、设施设计规模(万平方米)、总投资、建设时间、投入运行时间、实际供热面积(万平方米)数据；热源供水温度、回水温度信息数据；锅炉额定蒸发量或功率(蒸吨)、锅炉运行状态信息数据(锅炉压力、管网压力、计量仪表状态数据)、风机、水泵运行状态数据；热源预警信息，日耗煤(气)量、日产热量、补水量；电气设备运行状态数据、用电量；供热热源烟气排放指标等信息管理。

(3) 换热站监测数据管理：地理位置信息(实现定位功能)、换热站场景视频数据，换热机组运行状态信息数据(压力、流量、热计量信息)；每日对换热站内管网、检查井安全巡检记录台账等信息管理。

(4) 城镇供热管网运行维护及安全基础信息管理：一次管网供回水压力、回水温度、流量、热量信息数据；二次管网供回水压力、回水温度、流量、热量；供热管网、检查井安全巡检记录台账等信息管理。

(5) 城镇供热下游热用户信息管理：总热计量表信息、热用户供热面积、楼栋热计量信息、室温监测数据(包括用户姓名、供热企业、地址、采集设备名称、温度、采集时间、采集位置等)等信息管理。

(6) 城镇供热应急保障能力建设信息管理：应急指挥车辆、维修车辆、管线检测车辆、人员队伍建设、应急预案、应急报警、应急值班电话等信息管理。

4. 燃气行业管理平台

(1) 城镇燃气企业基础信息管理：企业名称、地理位置信息(实现定位功能)、企业性质(国有、民营、私营)、主管部门(住建、城管)；人员基本信息、法人、技术负责人、联系方式；燃气经营许可证编号、许可证取得时间、经营范围(管道天然气、液化石油气)、气源落实情况信息(与上游供气企业签订合同落实气源情况)；燃气从业人员岗位证信息等信息管理。

(2) 城镇燃气设施运行基础信息管理：城镇门站、加气站、液化气站名称、场景视频数据(视频监控数据)、设施地理位置信息数据(实现定位功能)、设施设计规模(万立方米/日)、总投资、建设时间、投入运行时间、实际供气量(万立方米/日)；城镇门站、加气站燃气管道、阀门、计量器具、调压设备、加臭设备、钢瓶、加气设备运行状态信息数据；液化气站输气管道、阀门、计量器具、调压设备、加气机等设备运行状态信息数据、液化气瓶检验信息数据；每日对燃气设施运行及安全生产巡检记录台账信息等信息管理。

(3) 城镇燃气管网基础信息管理：门站至用户管网总长度(公里)、燃气管道压力、供气量(万立方米/日)；储气设施规模、储气能力(万立方米)、每日对燃气管网及附属设施安全生产巡检记录台账信息等信息管理。

(4) 城镇燃气下游用气户信息管理：供气总量(万立方米)，销售气量(居民家庭用气量、供热用气量、汽车用气量)和燃气损失量，用气户数、家庭用户数、用气人口数(万人)、天然气汽车加气站数量(座)等信息管理。

3.2 案例汇编

3.2.1 乌鲁木齐市智慧供热、智慧水务、智慧公园建设

1. 智慧供热

乌鲁木齐华源热力股份有限公司成立于2000年，是新疆华源投资集团有限公司的控股子公司。近年来，该公司建设了智能热网管控平台，通过"互联网+"管理手段，大大提高了企业的管理实效。通过对用户室温实时监测，利用气候补偿和供热计量装置调控供热量，用户根据自身需要，利用温控装置自主调节室温，不但提高了热网运行效率，更为供、用热双方发挥行为节能的主观能动性提供理论和管理支持，便于甄别用户投诉的有效性，也为运行参数调整提供科学依据。通过应用"互联网+"为驱动的节能减排管理，实现了从燃气用量到热能生产、输配、到用户消耗的完整统计，如图3-2所示，改变了过去供热系统调控主要依靠理论计算和人工经验的方式，实现了精准计量、实时调节，有效改善了采暖舒适度，实现了"低保高控"的目标，供热安全保障能力显著提高，有效提高了供热质量，也极大地改善了热力企业的管理质量。同时，热能消费更加透明，行为节能的可操作性得以实现。该平台主要包括五大系统。

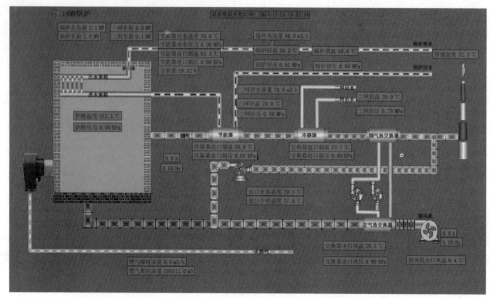

图 3-2　乌鲁木齐华源热力智能热网管控平台

(1) 全面监控系统。全面监控是智能热网管控平台中重要的一部分。全面监控系统包含热源分散控制系统(DCS)、热网监控系统和末端计量调控系统三方面。热源DCS方面，根据实际供热系统的情况，与热源DCS系统实现数据共享，取得供热调度所需的数据，同时可发送热源调度信息给DCS系统，实现数据共享和双向交互。热网监控系统方面，智能热网管控(IDH)平台可远程监测和控制热力站的运行。当各热力站供热不均衡时，IDH平台将在管理人员授权后，远程控制各个热力站的运行，实施全网自动平衡调节。同时通过磁贴等形式，以热力站为单位展示生产、经营等系统的相关信息，打通各系统间的数据壁垒，便于一次性浏览全局热力站状态。末端计量调控系统方面，供热末端是指二次网居住建筑和公共建筑。针对存在严重水力失调、冷热不均问题的二次管网，安装了楼栋智能平衡系统，通过在各热力入口安装电动调节阀、热量表等设备，调试人员可远程监测热力入口运行数据，了解管网运行情况，自动调节各热力入口所需热量，实现各热力入口所需热量的准确分配，达到系统整体的热力分配均匀和平衡，如图3-3所示。对于公共建筑，采用分时分区供热技术，调控本建筑的供热量；对于居住建筑，采用开关阀、温控阀、楼栋处理器等，实现每户热量的调节；对于个别热力站，安装了分布式楼前混水机组，实现针对楼栋更加精细的气候补偿调节，同时全面改善二网水力平衡。此外，平台支持直接接入无线室温采集器，实现实时在线监测用户室温，并在获取室温后对室内温度进行初步分析，一旦发现存在温度过高、过低的情况，则实时报警。

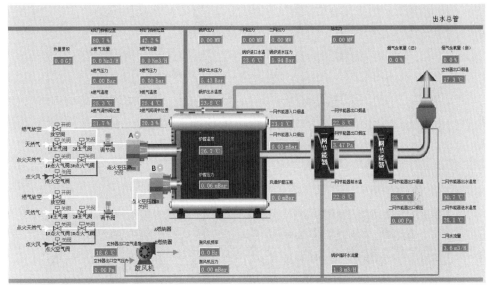

图3-3 乌鲁木齐华源热力智能热网管控平台全面监控系统

(2) GIS。该系统通过"互联网+"的信息手段，将设备信息构建在地理信息平台之上，利用GIS分析、模拟的强大功能，存储、管理、检索、维护和更新各类设备的图形数据和属性数据，对管网、设备进行"大普查"，建立管线图形库和设备资料库，改变过去只能借助图纸、卡片人工管理设备、管网的方式，如图3-4所示。此外，通过电子地图可视化管理，实现对供热设备调拨、管网设计及故障处理等功能，为供热管网的日常维护、设备分布、巡检、设计施工、分析统计、规划提供科学可靠的依据。例如，在电子管网图中，以节点标注设备所处位置，以颜色区分设备运行状态和供热情况。在二次管网分布图中，节点可准确标注热源、换热站、小区楼栋位置、数量及热计量改造户数、设备数量及供水温度、回水温度和瞬时流量，实现设备智能化管理，如图3-5所示。

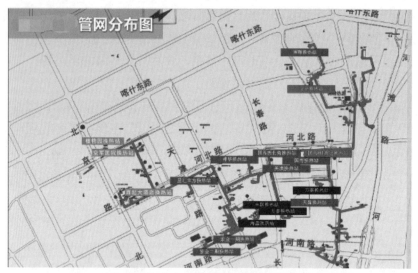

图 3-4　乌鲁木齐市供热管网 GIS 信息图

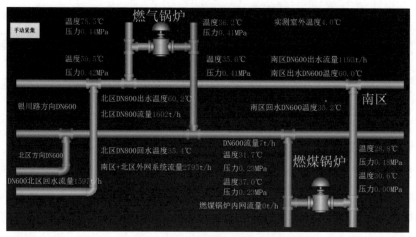

图 3-5　乌鲁木齐市供热电子管网图

(3) 调度指挥系统。该系统包括气象管理、负荷预测、全网平衡三部分，以科学的负荷预测为基础，采用"热量进度一致"的创新平衡调控策略，解决了传统平衡调控方法中关注单个换热站、源网供需不匹配、大型热网调节滞后、换热站间互扰等问题，真正实现了全网自动化、智能化调控，彻底摆脱人为干预。负荷预测是供热系统智慧调控的第一步，对于新建供热系统或缺乏热量历史数据的供热系统，可采用基于人工经验录入基础热指标，并引入太阳辐射、风力、历史供需情况、内部的热等因素,对基础热指标进行修正,并用修正后的热指标即综合热指标,基于供热基本理论公式,计算出日供热量和小时供热量。数据积累较丰富的供热系统,通过全面监控获取气象信息、供热面积、室内温度、热力站供热量等信息,由平台内置的离散数据分析模型,可自动获取热量与室外气象和室内温度的关系函数,进而预测供热系统及各热力站的日供热量,如图3-6所示。负荷预测功能采用自学习算法,不断优化预测算法,可实现"一站一指标"的管理调控模式。全网平衡模块是一种控制级别优于热网监控系统的一次管网整体调度策略,以热力站负荷预测为基础,以各个热力站供热步调一致为平衡目标,采用"中央调度+本地控制"相结合,从而实现热量均匀分配。平衡过程中充分利用系统的大惯性及管网的蓄热特性来适应热源负荷的波动,确保稳定地实现动态调节,同时以热量为调度目标,与能源管理、成本直接挂钩,经济效益显著。调度完成后,与设定温度偏差不大于±1℃,热量偏差不大于±10%。

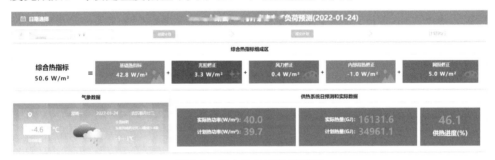

图3-6 热力站日供热量预测

(4) 能耗管理系统。该系统通过统计每日热源及热力站的供热量、水耗、电耗情况,根据各个站的情况自动计算出水、电、热的单耗和累计单耗情况,并依据能耗统计结果对不同分公司、运行班组、不同站根据总能耗、分项能耗进行能耗排行及能耗对比,科学地展示调度水平,进行有效的调控,如图3-7所示。依据负荷类型或热源、分公司、热力站等,分别制定单耗标准,形成每天、每周、每月和全年能源计划量。每天对热源、热力站及楼栋实际消耗数据进行考核分析,统计计划执行比例,并对考核结果以报表、柱状图和排行的形式表现。对超标的用户进行问题分析。此外,还可结合能耗预测功能(见图3-8),比较能耗预测结果和能耗考核计划值,如果预测能耗超过能源配额或行业水平,则自动向运行人员报警。

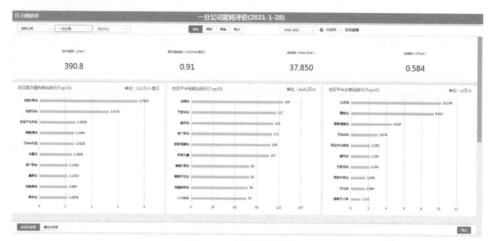

图 3-7　能耗评价系统

负荷预测预测报表(2022-01-24)

	系统合计									50.6	1456.71	34961.1	16131.6	46.1	
管网热损失					10.0 %					5.1	145.67	3496.1	2365.9	14.7	
热力站合计		10193294.5	22.4	21.7	41.6	42.8	3.3	0.4	-1.0	45.5	1311.04	31465.0	13765.7	43.7	
序号	名称	运行面积 (m²)	前日室温 (℃)	目标室温 (℃)	建议基础热指标 (W/m²)	基础热指标 (W/m²)	光照修正 (W/m²)	风力修正 (W/m²)	内部得热修正 (W/m²)	综合热指标 (W/m²)	小时计划热量 (GJ/h)	计划热量 (GJ)	实际热量 (GJ)	完成率 (%)	详情
1		46241.0	21.8	23.0	46.7	46.7	3.4	0.4	-0.8	49.7	6.82	163.6	84.8	51.8	曲线报表
2		100000.0	21.4	23.0	13.0	13.0	0.9	0.1	-0.8	13.2	3.92	94.0	46.2	49.1	曲线报表
3		40000.0	21.9	23.0	30.9	30.9	2.3	0.3	-0.8	32.7	3.88	93.1	41.8	44.9	曲线报表
4		80000.0	23.4	23.0	36.6	36.6	2.7	0.3	-0.8	38.8	9.21	221.0	101.9	46.1	曲线报表
5		30342.0	22.8	21.8	50.2	50.2	3.8	0.5	-1.0	53.5	4.60	110.5	51.3	46.4	曲线报表

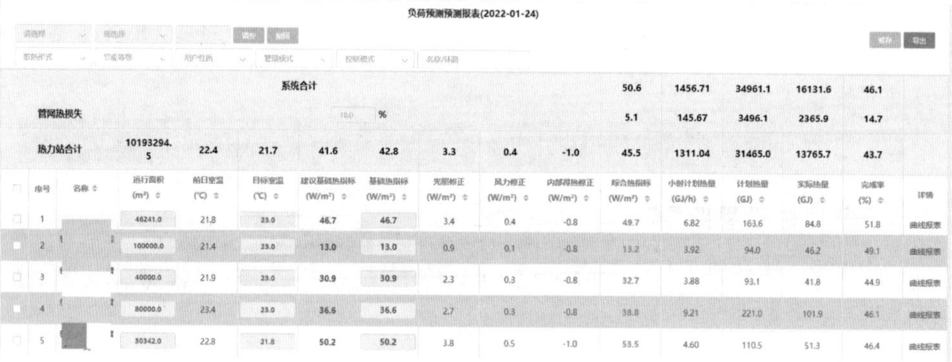

图 3-8　能耗预测报表

(5) 专业分析系统。该系统主要包括水力平衡分析、热力平衡分析、供热质量分析和水压图。水力平衡分析方面，以柱状图和报表的形式，自动分析一次网各热力站流量和二次网各楼栋流量的分配情况，并以建筑类型、系统形式等对流量进行分析，获取各类系统的经济流量指导运行。热力平衡分析方面，以柱状图或报表的形式通过分析二次供/回水平均温度、一次回温、热单耗、室温等数据，自动展示每天热力站或楼栋之间的热量供需情况，如图3-9所示。供热质量分析方面，基于监控系统的数据，全方位分析供热质量，帮助热力企业提升供热服务质量，挖掘节能潜力。系统以饼图和散点图等方式展示不同范围内基于汇总数据分析统计出来的室温分布情况，基于室温分布情况，进行总能耗状态分析、节能潜力分析、异常用热识别、供热质量及用户满意度评估等分析。水压图可以较直观地反映出水的流向和压力趋势。通过实时采集供热系统各个监测点的供水/回水压力，动态绘制供水压力线、回水压力线，为专业分析人员及时了解管网运行安全提供了依据。

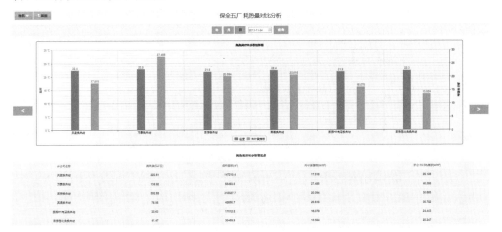

图 3-9　耗热量对比分析

2. 智慧水务

乌鲁木齐水业集团智慧水务系统总体规划着眼于水业集团中长期信息化建设，整体建设思路是"一个标准、一个中心、四大基础、一个门户"，如图3-10所示。建立统一的数据标准规范，建立完善的数据中心，实现生产运行、管网运行、客户服务和综合管理四大类应用系统，并在此基础上建立全公司综合信息门户。具体的实施原则是三条主线梳理并建设信息化相关业务，计量设施、供水设施、水质水压水流、漏损控制、安全生产、独立计量区域分区、远传水表监控，管理好生产各项业务，精细化管理生产物料消耗、管线巡检、阀门养护、维修、地下管网固定资产。以收费系统为中心，辐射用户接装改扩建、详细的用户信息资料、查表、换表、收费、欠费等，开通银行、利安社区电超市、支付宝、微信等各种支付方式，做好便民服务、精细化管理等业务。以OA为线，并发管理党务建设、廉政建设、人力资源、财务、各种文档报表、各种业务联签流程、固定资产的新购报废、车辆管理等，服务好集团公司管理信息化。最终达到以数据监测为基础，完善公司数据监测网络，借助物联网技术实现业务范围内的生产运行管理；实现公司相关业务及相关行业部门的数据共享，利用数据挖掘、大数据分析等技术实现管网运行、客户服务和综合管理应用系统建设；完善基础设施资源、加强数据支撑，推进资源高效利用管理，实现智慧水业的综合信息门户；加强信息安全技术措施与管理措施，加强安全保护与防御能力建设，完善水务信息安全保障；修编相应集成相关开发规范和接口标准、数据采集标准和物联网应用标准；修订信息安全及机房、网络管理，数据标准及数据处理方面的管理规范。乌鲁木齐市智慧水务系统架构如图3-11所示。

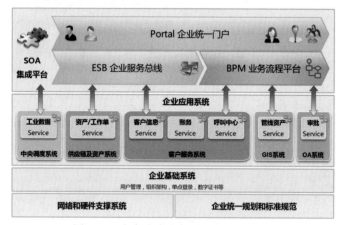

图 3-10　乌鲁木齐市智慧水务建设思路

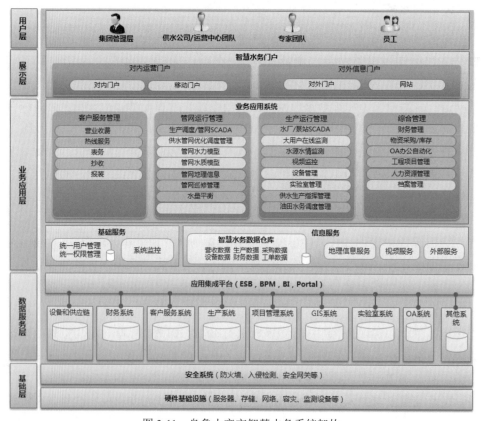

图 3-11　乌鲁木齐市智慧水务系统架构

3. 智慧公园

红山公园位于新疆乌鲁木齐市水磨沟区红山路北一巷，是乌鲁木齐的标志和象征。为实现红山公园监管信息系统应用及网络平台应用的规范化、常态化，并提升公园信息化建设管理水平，乌鲁木齐市开展了智慧公园建设。智慧公园总体结构分为基础平台层、应用系统层、指挥管理监督层三个层次。基础通信平台、协同软硬件平台、标准规范、集成应用平台、GIS平台、基础数据库和数据仓库是整个系统的基础平台，也是实现资源共享与智能管理的基本保证。在此基础上，开发各种应用系统，供各个管理职能部门日常管理使用，构成了应用系统层。同时，建立完成统一信息门户，综合各种数据资源、管理指挥机能，配合相应的监督评价体系，构成指挥管理监督层。智慧公园主要包括六大系统。

(1) 公园指挥中心：包括含显示大屏、应急指挥调度、GIS地图信息管理等在内的数字指挥中心大厅，实现了公园重要景点视频监控、人员动态分布、应急图像传输等系统在统一的GIS三维全息展示系统平台上的展示和指挥管理，如图3-12所示。

图 3-12　乌鲁木齐市智慧公园指挥中心

(2) 公园数据中心：完成红山公园智慧化核心枢纽的建设，形成了包容、连通全公园网络拓扑结构和硬件的配置。公园数据中心包括各个子系统主机服务器、备份存储、安全、数据库管理系统以及统一门户的数据存储、应用、WEB服务等设备和软件的采购和集成；对"智慧化红山"基础数据的整理、规范和编码；提出"智慧化红山"应用系统之间集成需要遵循的接口规范。

(3) 全景监控系统：完成"智慧化红山"人员动态分步管理系统，为公园日常办公增设OA系统。基于工作流程的概念，设置统一的管理服务器和平台软件，实现了公园统一管理、维护和增值应用，使单位的各部门人员能够方便快捷地共享信息，高效地协同工作。

(4) 网络管理系统：实现票务、监控、广播、GIS地理信息、信息收集、信息发布等的智慧化传输，真正实现远程管理，无纸化办公的智慧化、智能化管理工作模式。同时，实时对进出公园游客数据进行统计分析，为公园旅游管理的决策和预防突出事件提供基础信息。

(5) 智慧监控系统：实现实时远程查看公园客流情况，全视角监控公园各主要出入口客流情况，提高应对各种突发事故的及时性。

(6) 智慧广播系统：实现集中管理、分区广播、应急广播、广播对讲等功能。

3.2.2 克拉玛依市智慧水务、智慧供热、智慧燃气、智慧照明建设

克拉玛依智慧市政建设主要以市政企业为依托，通过互联网、物联网、共享交换等信息技术，加强市政设施数据管理、物联网监测、日常巡查养护及用户服务。市政企业分别建设了智慧供水、智慧供热、智慧燃气系统，行业管理部门建设了智慧路灯和地下管线综合管理系统。2017年以来，供水公司、燃气公司逐步开展了智慧化户表安装工作，各市政企业也开发了在线缴费系统，目前，中心城区居民均可实现供水、供热、燃气在线缴费功能。2022年，市城市综合服务中心联合市住建局对接了供水、供热、燃气、排水企业的运行数据，加之已有的智慧路灯和地下管线综合管理系统，从而实现了市政行业全数据实时在线监测。

1. 智慧水务

克拉玛依市水务有限责任公司(以下简称"市水务公司")是克拉玛依市唯一一家集输、蓄、产、转、验、销于一体的综合性水务企业，是市属国有全资企业，承担着油田及城市的工农业生产、居民生活和环境绿化等供水任务，同时还承担着向引水干渠沿线福海县、和丰县、兵团184团、乌尔禾地区的供水任务。市水务公司立足半个多世纪艰苦奋斗奠定的良好基础，充分把握企业发展阶段性特征，结合克拉玛依市的发展形势，坚持"高质量供水、供高质量水"的方针，履行保障服务职能，形成了"管理现代化、供水智能化、服务专业化"发展战略，确立了建设目标。在下一个阶段，该公司将实现由水务公司向水务集团的跨越发展，全面建成"保障有力、管理优秀、文化特色、队伍一流"水务企业。在

"美丽中国""智慧社会"作为现代化新要求的今天,随着5G、AI、物联网、云计算、大数据、区块链等新技术不断进步,智慧水务建设已成为顺应时代潮流的应有之举。市水务公司以国家大力推进"智慧城市"和"节水型城市"建设为契机,开展了智慧水务规划,并分步进行实施,如图3-13所示。

图 3-13　克拉玛依市智慧水务指挥中心

智慧水务综合平台以水力模型、GIS地理信息系统、物联网、大数据作为技术支撑,形成"1个数据中心+9大平台应用系统+10个业务子系统"的集约化企业级门户。平台包括桌面专业端系统、WEB管理端系统、移动应用App端,实现了从数据零星分散向大数据资源集中、从系统孤岛向系统全面集成的转变,如图3-14所示。

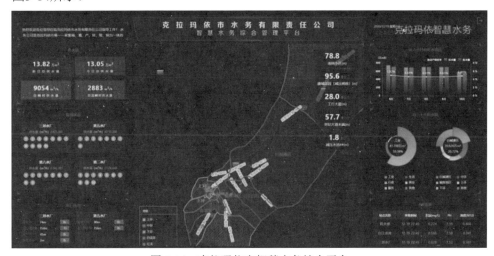

图 3-14　克拉玛依市智慧水务综合平台

(1) 管网分区管理系统：建立完善的DMA分区计量方案，实施网格化精细化管理，达到运行安全可控、漏损长效监管、服务精准有效。供水区域内共设置十大计量分区、200多个DMA分区(见图3-15)，建立了全面的计量管理体系和总分表管理机制，实现"全市、片区、小区、区块、楼宇、居户"点线面多维度管理体系，实现供水管网网格化管理和地下资产的有效动态管理。目前，已经实现小区管网漏损全监控、漏点及时发现、状态快速评估，从而合理分配包括人力、物力在内的各种资源，以结果为导向辅助决策，精细化和动态化管理整个生产流程，综合提升运营效益。

图3-15　克拉玛依市智慧水务DMA分区

(2) 管网预警分析系统：根据管网压力、流量监测点数据及其他相关指标的异常变化，对管网异常情况及时报警，全面提高爆管感知与定位水平，进一步提高供水管网爆管事故的预测、预防和快速反应能力。如供水管道发生爆裂，可迅速通过预警系统获知，并锁定爆管位置，如图3-16所示。同时，通过平台异常告警引擎、"自动+手动"推送等技术手段，为市水务公司管理者提供便捷的用水异常告警服务、微信推送服务；增加即时反馈机制，通过即时反馈，建立与用户的及时高效沟通机制，这些措施不仅可以帮助用户降低经济损失，也可以节约水资源，减少用水纠纷，提升用户满意度。

图 3-16 克拉玛依市智慧水务管网流量在线监测

(3) 智慧移动处置系统：通过移动终端实现监测点的巡查、维修、养护等功能，为在线设备的资产管理提供支撑，建成市水务公司管理部门与户外维修(巡查)服务人员的数据联系通道，形成内部统一的电子化派单、电子化销单工作流程，从而解决业务部门与维修(巡查)服务人员数据交互的瓶颈。为各类型外业作业提供方便、实时的信息和工具支持，使维修(巡查)人员能快速达到现场并及时有效地处理各种维修服务，减少故障时间，提高公司的经济效益。

(4) 构建数字孪生模型：智慧水务平台打造了动静结合的数字化管线，以全市地形图为基础，紧密结合供水管理需要，实现了供水管网数据的数字化管理、更新、分析与应用，实现了管网管理的移动化办公，改变了传统图纸现场工作的模式。同时，通过水力模型赋予管网生命力，实现地下管网资产由静态向动态升级，通过建立地下管网的数字孪生模型，可以全方位、多角度、连续展示管网运行状态，如流量大小、水流速度、水流方向、供水压力等，实现供水管网真正的可视化，如图3-17所示。

图 3-17　克拉玛依市智慧水务管网数字孪生模型

通过全生态链物联网设备的动态感知,对城市水源、供水管网、水厂、泵站等区域实现全网监测;对液位、压力、流量、温度、水质等异常情况及时报警,并对管网漏损进行异常预警,从而减少爆管、降低漏失率,提升供水效益;基于GIS系统,整合历史用水数据分析,预测未来用水负荷,实现调度智慧管理与决策的可视化,有效指导水源调度及生产计划,为水务提供智慧化运维及科学化调度服务。

2. 智慧供热

克拉玛依市热力有限责任公司是克拉玛依市市属国有独资公司,成立于2015年4月,是按照新疆石油管理局深化改革、走专业化管理道路的要求,在原新疆石油管理局机关社会生活服务公司和局属各单位的锅炉房基础上,成立的专业化供热企业,如图3-18所示。经过近年的热能工程建设和配套项目升级,克拉玛依主城区形成了"3+2+1"燃气+热电多热源联合供热的新格局,中心城区全面实现了清洁生产和低氮排放。公司已成为一家职工队伍稳定、管理经验丰富、专业技术能力较强、有一定市场竞争力的专业化管理供热企业,是目前克拉玛依最大的民用供热专业化公司。公司现有供热面积1500万平方米,供热能力1692.3MW,拥有燃气锅炉房12座,锅炉33台;燃煤锅炉房1座,14MW锅炉2台;热力供热站73个;服务居民和公建用户102 334户。

图 3-18　克拉玛依市热力有限责任公司中控室

公司建设了供热管理信息化系统，通过在现场安装智能平衡阀、室温采集器、智能数据控制终端，实现对"热源——一级管网—热力站—二级管网—典型热用户"等供热输配过程的运行工况参数及设备状态参数进行实时采集和动态监测。其中，智能平衡阀用于采集各单元回水温度、自动调节阀门开度，保证供热质量；室温采集器用于采集用户室内温度、湿度，进行大数据的收集；智能数据控制终端用于接收智能平衡阀、室温采集器的数据并上传至智慧软件平台。同时，还在调度中心建立了智慧软件平台，根据现场采集到的数据进行分析，通过软件自动计算并控制各楼栋单元安装的智能平衡阀进行自动调节，对三次网进行水力平衡调节，解决冷热不均的情况，将个别热用户的室内温度调节至同一水平。智慧供热平台在极大程度上解决了往年冷热不均的情况，相比人工调节更加及时有效。

3. 智慧燃气

克拉玛依市燃气有限责任公司(以下简称"市燃气公司")是为实现克拉玛依市燃气事业快速发展、打造和谐宜居环境，更好地履行责任，服务社会的生活服务公司、生活服务总公司、液化气供应公司、燃气公司以及新疆油田公司燃气公司，历经新疆石油管理局时期，逐步发展成为专业化的城市燃气公司，是一家城市燃气运营的专业化公司。市燃气公司主营业务主要包括民用、工商业天然气供应、压缩天然气汽车加气。

市燃气公司围绕城市燃气管网安全运行所涉及的配气站、管网、阀井及用户，打造了集合场站数据监控、周界报警、管线GIS信息、阀井在线监测、可燃气体报警监测等智能化系统的智慧燃气管网监测系统(如图3-19所示)，通过该系统的指挥中心,能够实时掌握关键节点管网压力、流量、浓度等现场数据,加强了公司各安全生产环节数据的实时监测,强化了生产调度和应急指挥的工作实效,有效增强管网安全监控和科学处置能力。

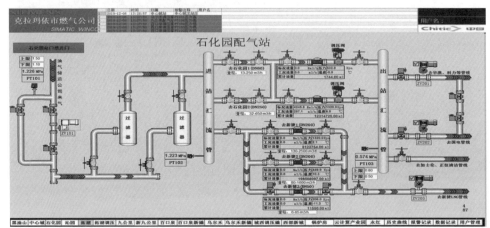

图 3-19　克拉玛依市智慧燃气管网监测系统

同时,为实现高效快捷的燃气服务,公司先后完成客服呼叫、物联网表天然气收费系统、天然气安检系统(如低功耗报警等)、微信管理系统的部署和联动,满足用户足不出户实现在线缴费、咨询、报修,安检一站式服务。其中,低功耗报警系统如图3-20所示。

图 3-20　克拉玛依市智慧燃气安检低功耗报警系统

燃气日常安全监督管理,用于以开展企业自查自改自报、行业管理机构指导、考核、执法场景。通过系统可建立燃气行业安全生产差异化监管工作体系,全过程记录报告安全隐患排查和治理情况,如图3-21所示。

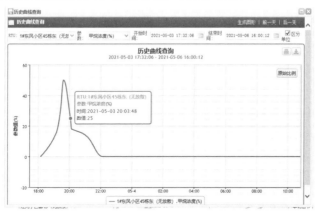

图 3-21　克拉玛依市智慧燃气安全监督管理系统

应急指挥系统充分整合和贯通地理信息数据、场站信息、管网信息、用户信息、交通信息、事故现场信息、其他业务相关数据及以往事故资料、历史数据和维抢修情况等基础资料,为政府调度指挥人员提供了一个综合信息的可视化看板(如图3-22所示),可大幅减少应急事件反应的时间、增加判断事故原因的准确度、提升应急反应的协作效率、提高维抢修人员的业务素质,也能够有效帮助提高生产运行过程中紧急事故的防范与处理水平。

图 3-22　克拉玛依市智慧燃气管线 GIS 系统

4. 智慧照明

克拉玛依市城市照明监控管理平台运用物联网、大数据、云计算、空间地理信息等技术，为城市照明提供管理与节能双引擎，实现城市照明的系统化和精细化管理。系统平台在城市照明智能监控及单灯控制管理的基础上，采用流程化手段，建立城市照明运维管理体系、设备管理体系、事件处理体系和工程管理体系，形成人财物统一、责任明确、处置及时、考评有据的城市照明综合管理机制，从而降低照明系统运维成本和能耗，提高资源利用效率和管理效率，推动城市照明质量的持续发展。

克拉玛依市城市公共照明远程监控管理系统于2003年建成并投入使用，现已运行20年。系统设备历经硬件升级、软件升级、通信升级、监控节点建设规模的不断扩大和单灯控制系统的建设，整合形成了目前的克拉玛依智慧城市公共照明监控管理平台，如图3-23所示。该平台包含城市照明智能监控管理、城市照明单灯监控管理及城市照明运维管理三大管理系统，控制与管理城市中249个路灯远程监控节点和1500个左右单灯控制器设备及其日常运维业务。

利用前沿计算机软件技术、数据库技术，根据克拉玛依市路灯照明管理的路灯控制特点、业务扩展性和前瞻性要求，克拉玛依市路灯监控平台设计为B/S软件架构路灯监控网站。平台网站软件系统由路灯物联数据中心后台软件、路灯监控数据库系统、路灯监控管理系统软件(Web网站)组成。

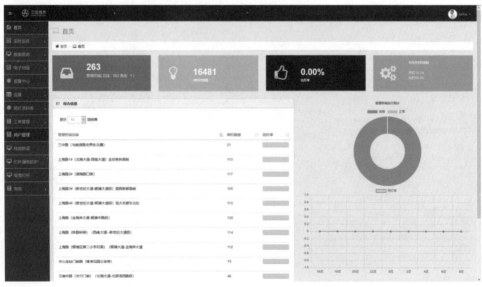

图3-23　克拉玛依市智慧城市公共照明监控管理平台

(1) 路灯物联数据中心后台软件面向通讯DTU和监控终端设备，管理通讯DTU连接，实现监控终端设备协议，发送设备控制和检测指令，执行系统复杂操作，处理系统数据。

(2) 路灯监控数据库系统面向系统功能进行数据库系统设计。

(3) 路灯监控管理系统软件(Web网站)前台操作主要基于浏览器Web操作完成，实现与路灯控制系统有关的注册、登录、控制、检测、查询、设置等一系列功能。路灯监控管理系统软件共设置了首页、实时监控、数据查询、电子地图、报警中心、设置、路灯资料库、工单管理、用户管理、线缆防盗、灯杆漏电防护、智慧灯杆、帮助，共13个功能块，如图3-24所示。

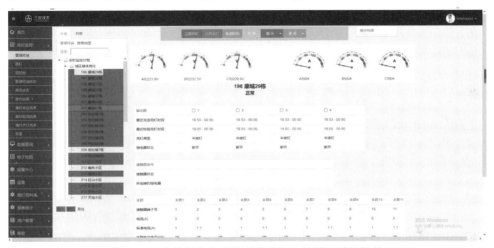

图3-24 克拉玛依市智慧照明路灯监控管理系统软件

3.2.3 和田市智慧燃气、智慧水务建设

1. 智慧燃气

和田家和天然气有限公司成立于2014年11月07日，位于新疆和田地区和田市，主要经营天然气销售，管道工程施工，燃气设备安装及销售，供暖服务等相关业务。自公司成立以来，高度重视安全生产，为提高燃气运营安全管理效率，成立了数字化调度中心(如图3-25所示)，建立了地理信息系统，光纤挖断预警系统、巡检抢修运行管理系统、场站边界预警系统、物联网表远程监控系统等，实时监控从进站到入户的全过程管理，其数字化运营管理平台曾获2016年中国地理信息产业协会优秀工程银奖，主要包括以下八大系统。

图 3-25　和田家和天然气有限公司数字化调度中心

(1) 光纤管道预警系统。该系统主要展示和田市天然气利民工程约83.4公里的环城储气高压管线，系统可监测管线两侧5米内开挖情况，如出现开挖，系统将发出警报，调度中心派发给附近的巡检抢修人员到现场检查管线，起到保护高压管线的作用。光纤管道预警具有3根主线，第一根是通信光纤，第二根是预警光纤，第三根是感温光纤。通信光纤为各门站和公司之间的监控和各个系统的通信起到保障作用。预警光纤埋在离地面50到80厘米处、通过振动频率进行监测，如大型车辆或者挖掘机等设备在上面工作，系统将收到振动提示显示，可以在系统上面看到提示，并派发巡检抢修人员检查管线。感温光纤缠绕在高压管上，由于天然气泄漏为一个吸热的过程，若感温光纤感应周围的温度下降，将进行报警，从而检测到高压管线泄漏。

(2) 站控系统。该系统可以观测到从42号阀室进、出站的压力和瞬时流量。进口处设置气液联动阀，用于远程或手动开关阀门，如各场站内出现异常情况，调度中心就远程可以关闭阀门。各门站出口输出天然气之前均需要进行二次调压，以保护城区中高压管线不出现超压状态。

(3) 巡检区域划分图。该系统划分14个管理片区，其中，将市区划分为9个责任片区，农村乡镇划分为5个责任片区，每个片区有3～4人负责片区的巡检维护工作，将责任落实到每个人身上。片区巡检员都熟练掌握自己的片区管线、调压箱(柜)、阀井等，如某个片区出现紧急情况，片区巡检员将第一时间到达现场，关闭相应的阀门以防止事故进一步恶化。

(4) 监控系统。该系统可观察到5个门站、2个无人值守站的实时情况。其视频监控周界预警系统采用了目前国内较为先进的动态捕捉移动监测报警功能，如果区域里面出现人或其他物品，系统将及时显示提示，起到实时监控并保护各个场站的作用。

(5) 燃气管网巡检管理系统。对于每个巡检员，售后人员手机里装有巡检抢修系统App，可以实时观测到巡检员的活动轨迹和位置。如果巡检员在同一个点上停留超过20分钟，系统会自动记录，并由调度中心核实记录情况，确保巡检人员将巡检工作落实到位。

(6) 金卡民用系统。使用该系统，用户可以在自己的微信公众号里面购买天然气，省时省力；可以远程操控物联网表开关阀门，如用户家中出现异常情况，调度中心可以按用户的地址或提供的信息，远程开关阀门；设置有"三天不使用天然气自动关阀"，用户如不在家，系统能够自动下指令关闭燃气表阀门，并短信提醒用户燃气阀门已关闭。如用户想打开阀门，可随时电话通知调度中心，由调度中心远程打开阀门，用户也可以通过按下燃气表上的红色按钮，在表中打开阀门。

(7) 金卡商用系统。该系统实时监测全市大型锅炉、餐厅的日用气量、月用气量如有些锅炉、大型餐厅突然用气量超标或降低，系统将检测到数据异常，调度中心会派巡检员去检查，防止燃气盗用情况发生。

(8) 通达OA系统。该系统为网络智能办公系统，主要用于内部使用，可有效防止员工聊天记录，传输文件，发送邮件等公司机密外泄。工作流功能可以建立工程项目并查阅处理全过程。

2. 智慧水务

和田市智慧水务平台建设于2020年12月15日，主要包括物联网表具管理系统、用户管理系统、营收管理系统、移动端、接口管理系统、统计分析系统管理7个模块。目前，已实现用户物联网水表手机终端缴费，用户用水情况统计分析，远程操控水表运营状态，移动端自助抄表，房产大数据无缝衔接，财务营收整合等功能。同时，水厂调度已实现远程检测水厂进出水流量、水池液位、出厂压力、加压泵组、配电设备的运行状态等内容,中控调度可自动控制、远程控制加压泵组的启停,对水厂内重要部位实时监控。下一步,和田市将以城市安全供水、堵漏降损、便民服务为建设原则,逐步完善智慧水务分部分项模块化,通过管网设施普查工作,建设管网地理信息GIS模型,加大物联网硬件设备建设投入,划设城市高、中、低三个分区,分压供水区域,在主要道路口建设物联网电动阀及流量监测设备,从而实现水量、水压、水质的实时采集、处理和分析,保障城市供水安全,降低供水管网漏损率。

3.2.4　阿克苏市智慧燃气建设

新疆浩源天然气股份有限公司建设的阿克苏智慧燃气系统主要包含管网GIS、巡检管理、在线检测、工单管理、设备管理,全面完成在线监测设备的安装及平台的搭建。通过管网GIS一张图,可以实时查看综合管网以及各类管道设备分布情况,管网建设及使用运行信息,同时结合管网GIS以及巡检任务,对民用以及工商业燃气进行安全隐患筛查,对老旧设备进行可视化筛查。巡检人员可进行在线巡检情况实时查看,便于统一监管。

3.2.5　昌吉市智慧燃气建设

2019年5月,昌吉市全面启动智慧燃气信息化建设(一期)项目。整体项目重点围绕安全生产,城市管网GIS一张图为依托,建立了软硬件环境搭建、管网数据整理及基础地形图采购、GIS、管网数据采集与监视控制(SCADA)系统、巡线系统、设备运维管理系统、管网压力及泄漏浓度监测系统、高压长输管线的分布式光纤监测系统、ABB高精准燃气泄漏检测系统、微信客服管理系统的建设,最终融合到智慧燃气大平台当中,实现对地下燃气管网从信息的采集、录入、处理、存储、查询、分析、显示、输出的全过程跟踪。巡逻和检查管道及相关设备,跟踪巡检人员的工作轨迹、隐患处理情况,从而保证管道、设备正常、可靠地运行。监测阀门井、燃气管网等设施附近重要场所密闭空间以及燃气管网相邻的排水管道等位置的压力、温度可燃气体浓度,通过实现监测点定位、监测数据统计以及报警(预警)等,对重点位置进行监管,提高防范管网运行风险的能力。

3.2.6　奎屯市智慧照明建设

奎屯市积极探索城市发展中公共照明快速增长与能源消耗及绿色可持续发展之间的矛盾,依托智慧管理走出了一条集装饰美化、夜景亮化及节能环保于一体的新道路:智慧照明系统,如图3-26所示。奎屯市智慧照明系统有以下三大特征。

图 3-26　奎屯市智慧照明系统

(1) 智慧控制精准降耗。奎屯市夜间照明设施开关灯时间依据自然光照度控制，由智能照明控制系统依据天气变化适时调整。全市所有路灯均安装有单灯控制器。依据道路景观需求，制定了市区单侧亮灯、隔杆亮灯和凌晨二次亮灯、乡村"隔2亮1"等亮灯方案，系统会根据奎屯市所处经纬度的日出、日落时间规律，结合气象数据资料，自动进行微调，最终确定每天的开关灯时间。自2017年以来，全市路灯基数增加2.5万盏，增长50%，年支付电费却降低了40%，至2021年共计节省电费支出1108万元，电费支出明显小于常规电力消耗，亮灯率达到98%以上。

(2) 智慧管理精准养护。按照"平台实时管控分析+智慧化养护管理"的原则，智慧照明系统平台通过GIS可直观地在电子地图上看到全市300个路灯控制终端，及其对应的75 986盏路灯的运行情况，如图3-27所示。一旦发生故障，系统可将故障短信直接推送至维修人员手机，以便第一时间排除故障，恢复照明。目前，奎屯市所有路灯灯杆上均设置数字编码，无论常态视频巡查或通过市民平台小程序反映，均能第一时间与数字城管系统实现数据交互，通过数据共享实现城市管理"一网统管"，保障精准养护。

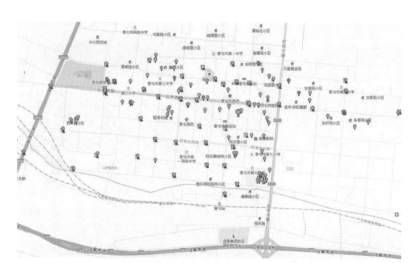

图 3-27 奎屯市智慧照明系统 GIS 模块

(3) 智慧处置快速及时。依托城市照明智能控制系统故障预警机制、12319市民热线、日常巡查等方式，在年度维护计划的基础上，通过智慧照明系统对突发问题建立抢修台账，倒排工期、压实抢修维护责任；完善"递进式"工作模式，当日检修与次日维护做好一对一交接，次日维护优先处理遗留问题，确保故障不隔夜不积压，实现了出现问题从现场发现、到达维修到24小时整改的无缝衔接。

奎屯市建立了以团结街、北京路、迎宾大道和乌鲁木齐路为夜景亮化主干道，和以城市出入口、城市游园、中心商圈为主要点位的城市夜景亮化群，多层次、多视点、多节点的夜景氛围将奎屯这颗丝路明珠装点得更加璀璨，一座现代、时尚、活力的繁华都市跃然于北疆金三角中心，城市颜值和品质得到了大幅提升，如图3-28所示。

图 3-28 奎屯市城市夜景

3.2.7 温宿县智慧燃气建设

温宿县曦隆燃气开发有限公司开发的智慧燃气系统以管网运行数据为基础，整合自动化技术、物联网技术，地理信息技术，云平台技术，实现城市燃气输配管网全方位的数据汇集管理，对异常及突发事件做出可视化的处理结果辅助决策建议，具体建设内容如下。

(1) 地理信息管理系统。该系统依托温宿县长输管网、城市地下管网综合信息平台，实现对全县地下燃气管网及设施的电子地图定位及埋深查询。对地下管线建立数据化信息，包括管网权属、材质、压力、管径、投入时间、使用年限等相关信息。向地下建设施工的相关单位提供这些信息，防止管线受第三方施工作业造成的损坏。同时，接入企业自建的燃气管网燃气泄漏报警系统，实现燃气管网运行状态安全监管。

(2) SCADA管网运行管理系统。该系统监控和管理所有输配主干管网、门站、加气站、母站、调压撬(箱)、压力数据采集点、阀井等燃气输配过程中重要输配节点的运行状态数据，通过对压力、流量、泄漏等运行数据的实时监控，实现燃气从生产、输配到使用的全过程安全管理。通过该系统，可对管网现行运行状况给予准确评价，并能够在故障发生后的较短时间内确认故障问题和故障位置。

(3) GPS巡线管理系统。该系统提供对巡线过程的管理功能，通过对人员的实时轨迹历史轨迹管理、隐患事项管理、人员考核管理，达到对人员和事项的双重管理。

(4) 入户安检管理系统。该系统重点在于通过安检人员进行入户检查，对用户的燃气表具、用气设备、管道等进行安全检查，防止用户的不正规使用及管道、用气设备的老化等问题引起的重大事故。

(5) 视频监控管理系统。该系统加强对燃气场站的安全监管，建立全县燃气安全视频监控共享服务平台软件，统一接入企业自建的视频监控资源首末站、加气站、阀室等，实现在一个平台上调取所有视频监控图像。

(6) 一张图驾驶舱。建立自上而下的大屏展示平台系统，由企业经营决策者依据决策目的，可提供所需的统计分析内容。

3.2.8 布尔津县智慧供热建设

布尔津县津城供热有限责任公司注册成立于2013年7月，前身属新疆温商实业集团投资建设的布尔津县友联热力有限公司。2013年9月，布尔津县人民政府和布尔津县友联热力有限公司签订《资产转让协议书》,将位于布尔津县城镇美丽峰路布尔津县友联热力有限公司自身拥有的热源、一级网、换热站等全部有形资产和无形资产(包括土地使用权)按现状转让给布尔津县人民政府。公司下设财务科、行政办、稽查组、收费处、维修队、电工班、水质化验室、煤炭化验室以及地磅房和警卫室,现有职工54人。公司不断加强职业道德建设,始终坚持"用户至上、文明服务、优质服务"的管理理念,积极为布尔津县公益服务事业增光添彩。

目前,公司热源点有供热锅炉三台,锅炉总容量为235吨,单台最大锅炉容量为130吨,总供热能力可达180万平方米。拥有大小19座换热站,总供热面积为211万平方米。拥有一级供热管网2×10.6 km,二级供热管网2×32.5km;最大热网直径800mm,热网覆盖率可达95%,供热半径2.6公里。

为达到均匀供热、舒适供热的目的,解决水力失调的现象,建设了二网平衡一期、二期项目,主要建设内容如下。

(1) 换热站改造。对已有自控系统的换热站进行控制系统改造升级,对没有自控系统的换热站加装智能控制系统。

(2) 二网改造。在每一个建筑物入口安装电动调节阀,回水管路安装温度监测,根据回水温度调节供水量。

(3) 入户改造。在每个供热小区或者供热区域,选取有代表性的热用户安装无线室内温度采集器。将采集到的温度作为衡量供热效果与指导供热调度的依据。

(4) 一网改造。在各换热站一次管网上加装热量表,补水管道上加装流量表。

(5) 信息中心的搭建。配置一套完整的热网监控系统,实现换热站自动运行调节及远程调度监控。

通过在楼栋入口的各建筑的热力入口处加装热量表、静态平衡阀、过滤器、关断阀及连通管,可以掌握楼栋与楼栋之间的供热温度。通过在各单元楼内的支管上加装通断控制器、锁闭阀或关断阀,可以掌握各单元楼之间的供热温度。通过在住户室内安装温度控制器,随时掌握用户室内温度。

布尔津县智慧供热系统具备供热系统热用户的自主调节,按需供热;系统自动控制、调节;供热量、用热量的计量;供热运行数据采集及远传等功能。使用该系统,可实时监视各个支路的供回水温度,当某个支路因为泄漏或者其他情况出现问题时,能够从供回水温度的变化及时反映出来,为安全供暖提供保障。通过调控,可以使温度过高的支路阀门开度逐渐减小,降低回水温度过高的支路温度,提升回水温度较低的支路回水温度,直至达到平衡状态。

第4章

智慧社区（小区）物业建设

4.1 自治区城市运行管理服务平台智慧社区(小区)物业建设概况

4.1.1 建设背景

中国经济市场化转型以来，计划经济体制下形成的单位制无法满足经济社会转型的需要，逐渐开始解体，单位制主导的社会基层组织制度逐渐被社区制取代。社区冲破了传统单位大院的空间束缚，逐渐还原社区以居住、生活功能为主的社会群体组织单元本质。在社区范围内，土地混合使用情况与功能综合化被弱化，但在街道、区镇、城市等更大尺度上却得到增强。土地资源和服务设施在市场化机制的推动下得到更优的配置，城市空间结构发生重组，居民生活跨出社区的物理围墙，出现多样化、复杂化转变。在中国新型城镇化发展的新形势下，城镇发展逐渐从注重经济增长转向以居民生活为核心的发展新模式，居民生活质量提升成为社区管理与服务的核心目标。作为智慧城市和人本城市建设的重要抓手，社区建设已进入智慧化发展的新阶段，需要为城市居民提供更加高效、精细、科学、智慧的管理与服务。同时，社区建设由管理和治理功能转向侧重居民服务，强调居民的主体性地位，并为其提供便民、利民和惠民的精细化服务，以及优化城市居民日常生活时空间秩序，提高生活便捷度与居民生活质量，促进邻里关系与社会和谐。

《十八届三中全会审议通过关于全面深化改革若干重大问题的决定》提出，要改进社会治理方式，创新社会治理体制，以网格化管理、社会化服务为方向，健全基层综合服务管理平台。创新社会治理，必须着眼于维护最广大人民的根本利益，最大程度增加和谐因素，增强社会发展活力，提高社会治理水平，全面推进平安中国建设，维护国家安全，确保人民安居乐业、社会安定有序。社区网格化管理是一种革命和创新。首先,它将过去被动应对问题的管理模式转变为主动发现问题和解决问题;第二,它是管理手段数字化,这主要体现在管理对象、过程和评价的数字化上,保证管理的敏捷、精确和高效;第三,它是科学封闭的管理机制,不仅具有一整套规范统一的管理标准和流程,且发现、立案、派遣、结案四个步骤形成闭环,能够提升管理的能力和水平。正是因为这些特征,社区由过去传统、被动、定性和分散的管理转变为了今天现代、主动、定量和系统的管理。

社区网格化管理是社区治理的创新,经过近二十年的发展,尤其是近十年的全面普及,中国社区建设初步完成了信息化改造。在城市信息化发展的要求下,城市网格化建设以街道、社区、网格为范围对象,通过对社区地图、房屋、楼栋、人口、党建、安全、纠纷等民政和治安信息进行数字化处理,实现即时、联动的社区信息化管理。尤其对社区内发生的矛盾纠纷、安全隐患、社会治安等事件实现了即时监察、调整与治理,且通过构建不同角色模块和打造互动平台,为社区居民与各级管理者提供了交流互动的平台,实现不同等级社会管理部门与同一等级不同管理部门之间的协同处置,且能够及时听取社区居民意见与建议,反馈社情民意。社区网格化管理运用技术化手段,将被动、分散式管理转化为主动监测、系统式管理,提高了社区管理的效率,在公众参与、多方互动方面取得了一定成效,也是和谐社区建设与社区信息化建设的重要成果。

社区网格化管理为社区管理与服务的智慧化提供了良好的基础,包括通过社区管理综合平台建设,基本实现了社区基础信息的电子化,为社区智慧化管理和社区聚合服务提供良好的信息化基础;细化社区管理单元,虽然单元划分未必完全合理,但管理网格的细分仍为社区精细化管理与服务提供了借鉴和支撑。为社区管理人员提供一定的信息化技能培训,上级职能部门、居民委员会、物业委员会、网格管理人员等均进行了信息化技能实践,积累了相关经验。

社区网格化管理为社区建设奠定了一定的信息化基础,但网格化管理存在的诸多问题阻碍了社区管理与服务的进一步提升。智慧社区建设能够从新的角度挖掘社区管理与社区服务的内在潜力,通过大数据、云计算、人工智能等手段推进社区治理现代化,让社区变得更"聪明"。从信息化到智能化再到智慧化,是建设智慧社区的必由之路。城市信息化建设的不断深入有力地推进了智慧城市与智慧社区建设,而智慧社区是智慧城市的组成细胞,是智慧城市建设的重点。依托社区网格化管理的信息化基础和网格化框架,在网格的智慧化识别与确定边界的基础上,通过各个网格内移动互联的感知设备进行设施、人口、环境、行为、健康等社区相关的监测信息数据,借助移动通信网、互联网、广播电视网等多网融合技术实现社区数据的传递与汇聚，运用多网格综合服务统一接入技术、面向主体的服务聚合及服务管理技术、多网格综合服务多渠道统一受理技术等社区管理网格化技术、社区居民自助和互助服务技术等社区服务精细化技术，在面向服务的体系架构基础上，搭建基于网格的智慧社区管理与服务平台，实现人口、设施、环境、物业、停车、能源、管线等核心内容的网格化管理，和智慧家居、智慧健康、智慧养老、智慧出行、智慧缴费、智慧家政、信息发布等智慧社区精细化服务。

在建立社区规划动态化、社区管理网格化和社区服务精细化的技术标准体系下，实现智慧社区规划、管理与服务不同技术体系之间的耦合互通和无缝对接，解决技术标准不统一的问题，促进社区信息化和智慧化建设。第一，社区网格的划分不应单独依据人口、建筑或空间面积等静态信息进行划分，而应充分结合"人"本身的群体特征与行为特征。具体而言，社区设施、社区管线等静态社区管理网格的划分可以依据设施空间布局、空间面积等进行划分，但与人相关的商业服务、养老服务、文体服务、医疗保健服务、交通信息服务等动态社区服务网格具有动态性、复杂性，且往往超出社区的物理边界，因此动态社区服务网格划分应充分考虑人的群体特征和行为特征。第二，应基于社区静态网格和动态网格划分的智慧化，在不同网格内通过标准互通共融的时空数据监测与采集技术、多网格数据无线采集技术和智慧社区设施与环境集成监测技术等进行精细化监测和数据采集。通过多网格时空数据集成和挖掘，结合多网格综合服务统一接入技术和智慧社区本地化第三方服务集成技术，实现数据转化、集成和挖掘，进而利用智慧社区聚合服务技术、智慧社区居民自主与互助服务技术，基于面向服务的体系架构，建立智慧社区综合管理服务平台，并通过决策支持与个性化信息发布技术实现社区服务的动态化、精细化和智慧化。

2013年以来，国家大力推动智慧社区建设，相继出台了一系列政策措施，如《国家高新技术产业开发区创新驱动战略提升行动实施方案》《智慧社区建设指南》《中共中央 国务院关于加强和完善城乡社区治理的意见》。其中，《国家高新技术产业开发区创新驱动战略提升行动实施方案》是我国第一个在国家层面提到智慧社区的文件；《智慧社区建设指南》为全面推进智慧社区提供了一个清晰的架构。

为加快推进智慧城市建设，打造以街道、社区(小区)为载体的智慧城市单元，推进5G互联网+社区(小区)的融合应用，加快推进智慧社区(小区)建设工作，住建厅根据自治区人民政府《关于印发新疆维吾尔自治区推进5G网络建设发展实施方案的通知》(新政办发〔2020〕20号)以及《关于研究加快推动5G网络新型基础设施建设与应用工作的会议纪要》(新政阅〔2020〕24号)要求,制定了《新疆维吾尔自治区智慧社区(小区)建设技术导则(试行)》。

根据住建厅关于智慧市政有关文件要求,近年来,将重点开展智慧社区设施建设和改造。以城市为单位,充分利用现有基础建设智慧社区平台,对物业、生活服务和政务服务等数据进行全域全量采集,为智慧社区建设提供数据基础和应用支撑。实施社区公共设施数字化、网络化、智能化改造和管理,对设备故障、消防隐患、高空抛物等问题进行监测预警和应急处置,对出入社区车辆、人员进行精准分析和智能管控,保障居民人身财产安全。加强社区智能快递箱等智能配送设施和场所建设,将其纳入社区公共服务设施规划。发展智慧物业。推动物业服务企业大力发展线上线下社区服务业,通过智慧社区平台,加强与各类市场主体合作,接入电商、配送、健身、文化、旅游、家装、租赁等优质服务,拓展家政、教育、护理、养老等增值服务,满足居民多样化、多层次需求。打造智慧社区平台。深化新一代信息技术在社区建设管理中的应用,实现社区智能化管理。依托数字基础设施所形成的智慧城市、智慧医疗、智慧交通、智慧家居等智能服务体系,提高公共服务质量,为医疗、教育、交通、餐饮、娱乐等领域深度赋能,催生更多消费新形式,营造民生服务新体验,提升消费服务水平。

4.1.2 建设目标

新疆维吾尔自治区智慧社区(小区)建设主要以智慧物业建设带动智慧社区建设。第一,实现物业管理服务的智慧化,通过智慧物业系统建设,推进基于信息化、数字化、智能化的新型城市基础设施建设,对接新型基础设施建设,加快建设智慧物业管理服务平台,补齐居住社区服务短板,推动物业服务线上线下融合发展,满足居民多样化、多层次生活服务需求。第二,在智慧物业建设的基础上,通过智慧社区(小区)管理系统建设,实现小区地理信息、人口、房屋、市政配套设施、公共服务设施、车辆、党建、物业、疫情防控、消防、应急管理等社区(小区)数据信息管理,采用人工智能技术优势,以社区服务为主要内容,以网格管理为主要思路,以信息共享交换为主要支撑,实现对社区人口、房屋、物业等基础信息的汇聚展示和分析,实现市民与政府的良性互动,形成实时、敏捷、长效管理机制,真正做到社区"底数清、情况明"。实现社区监管数据资源整合、统一指挥、强化协同、进一步强化社区(小区)的精细化管理。

4.1.3 建设内容

智慧社区(小区)建设以落实社区服务为核心,参考《新疆维吾尔自治区城镇老旧小区改造工程建设技术导则(试行)》等文件要求,对接接入智慧(社区)小区建设相关基础数据。基础数据内容包括物业信息管理、小区绿化信息、垃圾分类信息、人口信息、房屋信息、基础配套设施信息等内容，通过对智慧社区(小区)基础数据进行清洗融合，形成自治区智慧社区(小区)专题数据库。

同时，依托自治区及地州智慧社区(小区)管理系统建设，可接入各县(市、区)智慧社区(小区)管理系统。自治区及地州智慧社区(小区)管理系统通过单点登录链接访问的形式，可访问各县(市、区)智慧社区(小区)管理系统，实现辖区下市县社区(小区)的实时监控和智能管理，构建可持续的智慧社区(小区)服务管理新模式，有效加强对各市县社区服务进行监督、评价、考核，提高社区(小区)的管理水平，提升社区服务工作满意度。自治区智慧社区(小区)管理系统面板如图4-1所示。

图 4-1　自治区智慧社区（小区）管理系统

4.2　案例汇编

4.2.1　乌鲁木齐市智慧社区(小区)物业建设

乌鲁木齐智慧物业管理服务和监管平台主要依托"安居广厦"平台建设，实现物业服务投诉受理处理、物业满意度调查、业主大会投票系统、物业服务信息公示、物业服务大数据看板等功能。

(1) 物业服务投诉受理处理。居民使用手机微信即可对物业存在的问题进行投诉，通过市、区、管委会、社区四级监管体系发挥线上线下监管职能，及时解决服务态度、环境卫生、绿化养护、秩序养护、公共设施维护等多种物业投诉问题，使居民的反馈得到有效的解决。截至目前，已受理并解决全市物业投诉问题

30 000余件。

(2) 物业服务满意度调查。该功能以"物业提质工程"民生建设为背景，物业四级监管体系为抓手，为全市居民提供评价所住小区物业服务满意度的线上便捷通道，为物业服务企业的星级评定提供数据支撑的同时，促进物业行业的健康优质发展。

(3) 业主大会投票系统。居民可对小区业主委员会选举等重要事项进行安全、快捷、透明的集体决议，切实保障广大居民行使表决权，更增强了大家对于小区发展的知情权和参与权。

(4) 物业服务信息公示系统。该系统通过物业公共收益、有偿服务、特种设备、维修资金使用、物业从业人员以及联系方式等12 000余条信息的集中公示，让该市居民掌握小区的公共收益收支情况和物业基本概况。

(5) 物业服务大数据看板。该功能帮助居民全方位了解目前的物业服务行业基本情况，包含在管小区、服务居民、楼栋及房屋数据，满意度调查完成率和满意率，投诉排行、投诉分类占比、超时投诉占比以及物业服务企业信息公示数据等，在该市物业服务行业发展中发挥了重要作用。

乌鲁木齐红旗社区是新疆乌鲁木齐市天山区赛马场片区下辖的社区。社区利用物联网、云计算、大数据分析、人工智能等技术，从公共安全、智能管理、便民服务三个方面建立社区管理平台、物业管理平台、物联网智能应用为核心的社区综合信息化服务管理平台。

1. 社区管理平台

通过用以展示智慧社区的社区大屏，可以查看社区整体情况以及小区的人员、房屋、企业、安防设备、社区管理人员情况，并可视化统计分析数据，按照居住类型、民族、年龄进行饼状图或柱状图显示；可展示小区的地理范围及部署的各类智能设备的分布情况、设备联动告警情况，单击地图中的小区标识可以实时显示每个小区的详细人员与房屋信息。

在小区门口，布放安装人证核验一体机、车辆抓拍机，当人员出入小区时，访客通过刷取身份证，居民通过人脸识别进行"人证核验"，认证成功后可以通行，同时人员进入数据(人员基本信息、进出时间、位置)回传至平台。社区管理人员可随时查询人员、车辆进出情况，有效落实人员、车辆进出管理等要求。社区干部可通过区域管理，将下辖各小区的房屋按照楼栋、单元全量录入，从而建立房屋台账，结合社区干部的入户走访频率，在星级评定中将房屋按照A、B、C、D四个等级进行评定。将居民信息按照常住人口、流动人口将实有人口信息进行批量录入，录入信息范围包括居民户籍信息、社会关系、流入流出记录等社区日常工作需要掌握的全量信息。在日常工作中，社区经常需要按照各个垂管单位的要求上报各类数据，通过人口查询，可进行多条件查询分析统计，并对统计结果进行报表导出，极大降低社区干部的工作难度。GIS地图对社区辖区内各建筑物在地图中进行标注，点击楼栋图标，通过房屋侧立面可查看每栋房屋的属性。房屋属性按照颜色进行区分，其中有党员居住的房屋会有党徽标识。点击进入房屋后，将展示每户家庭成员信息，可通过点击姓名查看详情，实现方便快捷的以房找人。同时，平台将根据房屋信息为每户生成唯一二维码，将二维码打印张贴在居民家中，社区干部入户时可通过手机App扫描二维码，对实有人口进行实时更新，从而确保社区数据的实时性和鲜活度。

通过庭院化管理，可加强社区安全防护提升。以车辆出入记录为例，实时展示当日进出车流统计，点击柱状图可查看每条进出记录的详情，包括现场抓拍图片、前端点位等。同时，为社区的孤寡老人、待产孕妇、行动不便的重症患者配发了智能手环，一旦发生紧急情况，即可通过手环发起求助，社区大屏弹屏预警，展示求助人基本信息及求助位置，还会将该预警信息推送至其亲属，以便及时前往救助。

通过社区管理模块，可为居民线上办理居住证明，输入身份证号信息核查无误后，即可进行证明文件的开具打印，打印凭据具有相应的防伪标识。社区日常开展的升国旗、夜校学习等活动，通过活动管理模块进行活动创建并下发通知给居民，可生成签到二维码，活动现场通过扫码签到，参与活动的居民还可以获得相应的积分，用以线下兑换丰富生活用品，从而引导居民踊跃参与。

在生活中，居民的各类困难诉求可以通过电视或小程序进行上报，社区干部通过社情上报模块，结合问题类型，转派给相应的工作人员处理，并对处理的流程进行全程跟踪，实现闭环处理，并对处理结果提供满意度统计评价，为社区打造新时代枫桥精神、把问题解决在基层提供抓手。在社区宣传模块，将社区各类办事指南、法律法规、通知公告等信息以图文的方式推送给居民，可以全量推送，也可点对点推送，发布渠道包括社区电视台、微信小程序，实现了一个信息源多渠道覆盖宣传的效果。在政务管理中将社区日常办理的窗口业务搬到了线上提供预审核功能，居民通过小程序将办理各类事项的证照进行上传提交社区审核，审核通过后前往窗口一次性办理，不符合办理资格的也可以及时反馈补充。达到了"数据多跑路，群众少跑腿"的目的。

2. 物业管理平台

物业管理平台为小区物业公司提供物业管理应用，旨在降低物业管理成本、提高服务水平，打破传统社区物业服务的低效益、周期长、信息封闭等问题，在方便业主和物业、优化社区的同时，具有很大的运营价值与前瞻性。物业管理平台的核心功能依然是基础数据管理，将房屋、人员、车辆全量数据进行电子化管理。平台提供了线上缴费的管理应用，添加进物业公司日常收取的物业费、取暖费等收费项目，且可以灵活设置账单的生成周期。通过电信语音网关的能力，能够进行外呼提醒，业主通过家中的中国电信宽带互联网视听业务(ITV)或者微信小程序即可进行线上缴费，也可前往物业前台通过收银台进行缴纳，并开具打印相应票据。针对业主日常需要申告的报修事项，物业公司通过客服中心进行工单接收，线上互动的方式进行询问互动，掌握情况后转派给相应的维修师傅，进行处理。同时，针对报修事项的结果满意度，通过后台统计生成满意度排名，为物业公司的员工考核成绩提供依据。物业日常组织开展的各类公益性、团体性活动可通过平台进行发布，引导业主通过线上报名参与，实时查看报名情况。财务管理可为物业公司提供财务报表，实时查看每月财务收支情况，同时支持报表的导入导出。

3. 物联网智能应用

在小区安装各类物联网终端，包括智能烟感、燃气监测、地磁感应、井盖监测、高空抛物监测等，并将各类感知设备统一集中纳管。借此，工作人员可实时查看各场景中感知设备运行状况、预警情况，做到早发现、早处置，有效杜绝小区安全隐患。例如，在居民家中安装烟感、燃气报警器，当突发火情或家中出现燃气泄漏时，设备将触发报警，且平台弹屏预警，及时提醒消除安全隐患。再比如，在小区安装智能井盖，当井盖出现挪、移、撬现象时，设备会触发平台弹屏预警，有效降低行人遇险概率，减少事故发生。同时，通过在消防通道、禁停区域，布放地磁设备，当有车辆驶入这些监管位置时，地磁设备能够感知到有车辆停靠，设备将触发报警，且平台弹屏预警，有效管理小区乱停车问题。

4.2.2 克拉玛依市智慧社区(小区)建设

克拉玛依市智慧社区建设主要依托本土化信息企业天地图网格科技有限责任公司开展建设。该公司具有政策研究室、研发中心、系统运维部等围绕城市管理(社会治理)核心业务的专业团队，在城市管理信息化领域先后获得了"贴心城管"App、智慧社区综合展示管理平台、智慧物业管理平台、城市管理热线平台、城管积分活动管理系统等11项软件著作权。公司自研的"贴心城管"App移动端(如图4-2所示)依托"线上虚拟+线下实体"的数字化方式,为居民打造"一刻钟智慧生活服务圈",通过不断扩展的便民服务应用,实现"一个App走遍全城"的愿景,真正实现城市公共服务与市民群众之间的零距离。

图 4-2　"贴心城管"App

1. 克拉玛依市南湖社区

克拉玛依市南湖社区成立于2009年2月,辖区面积0.37平方公里。由清风、清秀、清丽三个园组成,现有居民住宅楼76栋,单元243个,主要由维吾尔族、锡伯族、土家族等17个民族组成。南湖社区全面落实"政治、自治、法治、德治、智治"要求,以智慧社区建设"智治"为抓手,以接诉既办"法治、德治"为落实,以未诉先办"自治"为目标,全面抓好社区管理工作,不断推进服务进网格、服务进家庭,努力提升居民群众获得感和幸福感。南湖社区依托"智慧社区"信息化平台,主要通过以下5种措施实现对社区相关数据信息"一网统管",如图4-3所示。

图 4-3　南湖社区智慧社区平台

(1) 建立社区数据分析展示平台，实现"社区一屏观天下"。充分利用城市管理数据库，对社区人口情况、工单处置情况、高发问题分布、网格问题处置情况、网格员问题发现情况以及志愿者活动情况等进行有针对性的汇总分析，切实实现社区情况全面动态掌握。

(2) 打造社区数据分析团队，提前预判分析社区居民关心的热点难点问题。通过对12345热线、"贴心城管"App中的"我要爆料"模块反映的问题进行分析，切实找准高发问题种类、高发问题来源等，有针对性地制定解决措施。例如，对小区垃圾乱堆放等长期反复发生的问题，从居民行为习惯、垃圾站点设置等多方面、多角度进行深入分析，在满足居民行为习惯的基础上，通过科学合理设置垃圾房、建设大件垃圾房、加密部署垃圾桶等方式，坚决杜绝垃圾乱扔乱放等问题。

(3) 建立大数据与现场联动处置机制。依托社区管理网格，建立了网格内事部件问题动态管理机制，确保及时发现问题、上报问题，做到问题100%上报处置。例如，社区网格员每日对小区进行全方位巡逻检查，若发现路灯不亮、桌椅板凳损坏等部件问题以及绿化水、供水等跑水问题，则及时进行上报处置，确保问题100%得到高效处置。

(4) 应用社区吹哨平台，实现社区吹哨部门报到。依托智慧城管大数据平台，实现了"违章建设""跑冒滴漏"等8个社区吹哨应用场景，通过社区吹哨，相关职能部门报到的方式，进一步提升了问题处置效率。例如，当发现居民有私搭乱建时，通过信息化平台及时发出吹哨信息，执法、物业、社区等相关人员在接收到信息后赶赴现场进行处置，确保第一时间进行协调处置，把问题消灭在萌芽状态。再比如，发生跑冒滴漏现象时，及时向供水、绿化、消防等相关单位发出吹哨信息，相关人员立即前往现场进行处置，力争将70%问题在社区协调解决。

(5) 发挥片长以及联点领导作用，督促协调解决好社区管理热点、难点问题。对未落实"接诉既办"相关工作的职能部门，由街道联点领导或片区长协调解决，并纳入克拉玛依区城市管理"红黑榜"进行考核。

2. 独山子区第十七社区

独山子区第十七社区辖管百盛佳苑、泰和佳苑、天麓艺墅三个居民区，有105栋，166联户长，辖区点人口1731户5017人。独山子区第十七社区开展"智慧社区"试点建设，依托城市综合管理信息化平台，借助社会力量，以网格化管理为基础，建设了社区智慧物业、智慧商业、突发应急事件管理等平台，主要通过以下四种服务，力求实现智慧化的社区治理和服务，营造安全、舒适、便利的现代化、智慧化的优质生活环境。独山子区第十七社区智慧社区平台如图4-4所示。

图4-4 独山子区第十七社区智慧社区平台

(1) 门禁管理。从小区门岗的人工登记到业主刷卡门禁，再到现在的人脸识别门禁系统，既方便了业主，又减少了门岗保安的工作难度和工作量，同时有效增强了小区安全系数。

(2) 监控技术。从普通视频监控到数字高清夜视监控，再到网络智能动态监控，移动网络设备实时监控、远程监控和动态捕捉等智慧功能提高了小区安防监控的针对性。

(3) 智慧停车。通过智能化改造，让停车场管理更人性化、科学化、便捷化。提供了出入口智能车牌识别，手机移动扫码支付，智能显示车位使用情况并进行停车引导，甚至智能找车等功能。

(4) 智慧服务。通过建立智能物业服务手机App，实现业主报修、服务需求、服务投诉、物业缴费等智慧服务，还可以为业主提供周边商圈的商业信息等各类增值服务。

3. 白碱滩区北盛社区

白碱滩区北盛社区辖管北盛花园、滨湖花园、东滨花园三个居民区，有116个联户单元，101联户长，商业网点93个，辖区总人口1147户3193人。北盛社区党委坚持党建引领社区网格化管理，将人、事、物、组织全部纳入网格化管理，划分了"幸福红船""暖心红船""和谐红船""感恩红船"四个网格，推行

"社区党委—网格党支部—楼栋党小组—党员责任区"四级组织管理体系,实现"人在格中走、事在网中办",打通为民服务的"最后一公里"。白碱滩区北盛社区智慧社区平台面板如图4-5所示。

图4-5 白碱滩区北盛社区智慧社区平台

(1) 社区吹哨,部门报到机制。依托智慧城管大数据平台,实现了"违章建设""跑冒滴漏"等8个社区吹哨应用场景(见图4-6),通过社区吹哨,相关职能部门报到的方式,进一步提升了问题处置效率。例如,当发现居民有私搭乱建时,及时通过信息化平台发出吹哨信息,执法、物业、社区等相关人员在接收到信息后赶赴现场进行处置,确保第一时间进行协调处置,把问题消灭在萌芽状态。再比如,发生跑冒滴漏现象时,及时向供水、绿化、消防等相关单位发出吹哨信息,相关人员立即前往现场进行处置,力争将70%问题在社区协调解决。

图4-6 社区吹哨应用场景

(2) "一键挪车"系统应用,及时提醒居民规范停车,有效解决车辆乱停放问题。针对居民群众反映的小区车辆乱停放等相关问题,开发了"一键挪车"提醒功能,通过打通城市管理信息化平台,与车辆管理系统数据互联,网格员可实时查询占道车主信息,并一键发送挪车短信或拨打电话提醒车主挪车,通过先提醒服务,再执法监督的方式,有效改善了车辆乱停放问题,北盛小区车辆乱停放问题下降了46.7%。

(3) 打造"贴心城管"线上服务商城,全天候提供贴心上门服务。充分利用"贴心城管"App线上服务商城功能,实现了维修服务、搬家服务、家政服务等6大类、81小类,24小时不间断物业预约上门服务。服务完成后,居民可进行满意度评价,彻底解决了小广告乱张贴、便民服务质量不高等相关问题,切实提高了服务效率,提升了服务水平。

(4) 打造"贴心城管"线下服务团队,针对社区老年人较多等现象,有针对性地为社区老年人提供更多便民服务。除积极推进线上服务外,北盛小区还组建了便利店、餐饮店、美容美发店、儿童游乐场、医疗保健等30余家商户以及相关物业公司、热心居民共同参与的线下服务团队,有针对性地选择商业业态定期进网格、进家庭,开展商品促销、儿童娱乐体验、磨刀、理发、义诊等便民、利民服务活动,打造出一批特色服务品牌,营造积极向上的社区文化氛围,实现了线上年轻人、线下老年人全覆盖的服务体系。

(5) 打造城市管理积分系统,鼓励市民群众参与社区治理,不断提升社区自治水平。通过充分利用"贴心城管"志愿积分模块,由社区发布志愿活动,居民参与志愿活动并领取积分,并在社区积分超市兑换奖品或在"贴心城管"App支持商家享受折扣优惠,鼓励市民群众参与城市管理工作,如图4-7所示。通过开展城市管理积分活动,努力营造商业让利惠民,社区服务为民,工作队真心帮民,大家一心向民,人民城市人民建、人民城市人民管,管好城市为人民的良好氛围。

图 4-7 城市管理积分超市

(6) 打造信息传递系统，精准为社区居民提供贴心提醒。将城市管理信息化平台与社区管理平台以及供水、供热、燃气相关系统之间的数据对接打通，实现了城市管理服务与居民之间信息的精准传递。例如，当居民家中发生自来水跑水事件，需要楼道停水维修时，利用信息传递系统，可以通过短信、"贴心城管"App消息提醒等多种方式将停水信息精确地发送至每个人，切实做到了人员精确、范围精准、服务高效。再比如，当大风天气来临时，社区网格员发现居民家窗户外面有堆放物品，可通过信息传递系统发送提醒信息，提醒居民及时进行杂物清理，避免高空坠物引发的安全事件。目前共梳理出"大风天气·注意坠落""大风天气·请关好门窗""温度降低·注意天冷路滑""大雨天气·注意带伞""大雨天气·注意水坑"等8种温馨提醒场景应用(见图4-8)，真正让居民感到温馨。

图 4-8　温馨提醒场景应用

4. 白碱滩区康宁家园春和园

白碱滩区康宁家园春和园小区于2012建成投用，共有12栋多层建筑，总户数159户，总人口394人，辖区共划分1个网格、12个联户单元、12名联户长，共有商业网点16家。春和园小区充分利用物联网、云计算、大数据、移动互联网等新一代信息技术的集成应用，全面打造了智慧小区管理系统，建立了1个小区展示平台和3个应用子系统。

(1) 建立社区综合管理服务平台，实现社区信息化、智能化过程管理。春和园小区建设了"一人一档，一房一档，一车一档、一物一档，一组织一档"的社区综合管理服务平台，如图4-9所示。其中，"一人一档"实现了居住信息、户籍信息、家庭情况、工作情况等信息动态管理。"一房一档"重点对建筑情况、房屋信息等进行动态管理。"一车一档"重点对车辆信息、车主信息进行管理。"一事一档"重点对走访、回访等社区日常工作开展情况进行记录。"一物一档"重点对小区内所有部件进行动态信息管理。"一组织一档"重点对人员业务考核，组织管理等进行信息管理。

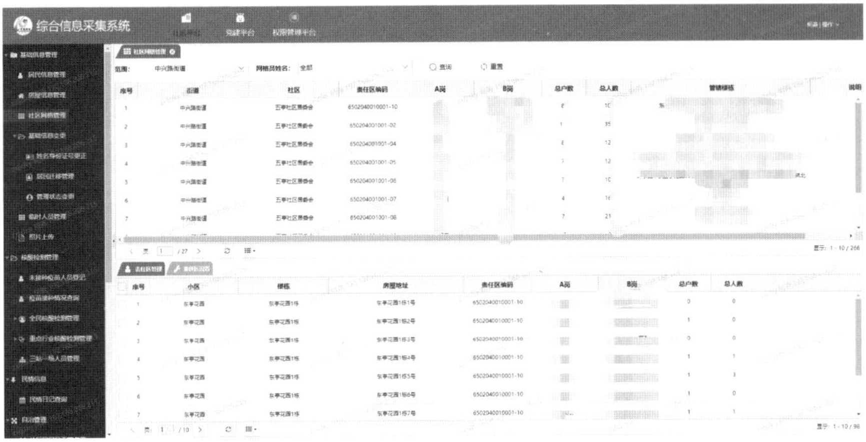

图 4-9 社区综合管理服务平台

(2) 建立小区物联网管理平台，实现物联感知报警监控。智慧小区物联网平台是对小区所有物联网设备进行实时管理的重要平台。图4-10所示为春和园小区物联网管理平台。平台以图表的形式展示所有物联网智能设备数量、设备状态等相关情况，实现了实时告警、历史告警、智能烟感监测、智能井盖监测、燃气泄漏检测、智慧停车、违规停车、智能监控8项物联网应用场景，初步建成了物与物，物与人有机关联的网络体系。例如，物联网设备监测到异常后，根据严重程度，会向用户发出严重告警、警告告警、提示告警等相关信息。当井盖被打开或出现排水困难、有积水等问题时，可以产生报警联动信息，及时提醒专业人员进行处置。当烟雾、燃气超过安全数值时，报警信息将及时传回社区。同时，通过地磁和红外监测，可以根据车位状态实时显示总车位数以及剩余车位数，从而引导车辆停车。

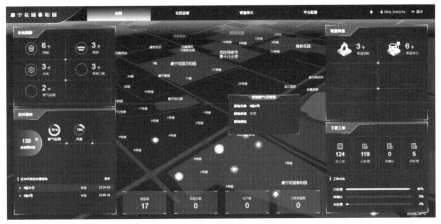

图 4-10 春和园小区物联网管理平台

(3) 建立小区数据采集汇集系统，实现小区数据汇集全覆盖。社区、小区数据主要分为社区业务数据，物业基础数据，物业管理过程数据，公共服务数据和商业服务数据5大类，如图4-11所示。针对不同数据，采取了不同的汇集方式。在社区业务数据方面，建设了社区数据录入"一张表"系统，通过统一平台汇集及采集社区所有政务服务、日常监管等相关数据，并采用自动化手段分发至相关系统，彻底解决基层数据"共享难""重复录""多头报"和"报表繁"等问题。社区管理服务平台建设完成以来，社区字段录入比率减少了77%，工作效率提高了80%。在物业基础数据方面，通过对接社区数据录入"一张表"系统和物业管理后台，对物业的房屋数据、车辆数据、物业缴费数据进行了高效录入。在物业管理过程数据方面，通过对接物业管理部门备案的电子档案，对小区物业合同、业委会信息、物业管理区域信息等数据进行了高效录入。在公共服务数据方面，通过在智慧水务、智慧供热、智慧燃气等平台开放数据接口，实现供水、供热、燃气等物联设施数据自动录入。在商业服务数据方面，商户通过"贴心城管"App进行在线录入相关数据，实现家政服务信息、餐饮信息等服务数据自主录入。

图4-11 小区数据类别

5. 白碱滩区三为物业智慧物业

克拉玛依市三为物业服务有限责任公司位于克拉玛依市白碱滩区，主要从事物业服务管理、技术服务、园林绿化、劳务派遣、商贸市场、市政环卫、生活垃圾清运、消防、安保服务、秩序维护等全方位服务管理领域，并通过国家ISO 9001:2015质量管理体系，ISO 14001:2015环境管理体系，OHSAS18001：2007职业健康安全管理体系认证，先后获得市级"优秀单位""平安单位""光彩之星""模范职工之家""守合同重信用"企业、遵守劳动保障法律法规诚实守信优秀(A级)单位、"先进工会""消费维权诚信单位""民族团结先进单位""爱心企业""协作帮扶之星"等光荣称号，是克拉玛依市全方位服务一体化的大型综合物业服务企业。按照住建厅城市运行管理服务平台以及克拉玛依智慧城市建设有关要求，三为物业公司与克拉玛依天地图网格科技有限公司达成了战略合作，依托当地本土科技企业技术实力，实现"科技+物业""物业+人性化服务"的双轮驱动布局，打破传统意义上物业服务的空间限制、时间限制，始终将人民的需求作为服务的首要考量内容，摒弃传统、落后的服务形式，紧紧围绕生活、商业、价值构造全面升级的物业体验，将出行、便民、惠民构建成平台的核心，通过基础业务、扩展业务等，努力为小区居民提供无边界的贴心式物业服务。根据住建部和住建厅的有关要求，积极推进智慧物业建设，构建了智慧物业管理服务平台。

(1) 全面建设智慧物业应用系统。按照"一网统管、一网通办"原则，全面搭建了"一个大脑三个系统"；建立了如图4-12所示的智慧物业数据分析展示平台，结合GIS信息管理技术，对社区(小区)房屋情况、人员情况、志愿者活动情况，物业工单处置情况，以及物联网设备监控情况等进行实时监测报警，切实实现小区设备设施人员管理精细化管理，打造智慧物业运行"大脑"；建立了智慧物业基础应用平台(见图4-13)，实现对房屋、住户、缴费、财务等物业服务基础工作的信息化管理；建立了物联网设备管理平台，对小区门磁、地磁、烟感等物联网设备实时动态管理，当发生异常情况时，能够及时进行预警预测；建立了车辆监管应用系统，对小型冲洗车、洒水车、高压清洗车等物业车辆进行动态综合管理，实现了车辆信息管理、实时在线管理、车辆运行轨迹回放等相关功能；打造了物业管理、政府服务、公共服务和生活服务应用体系，构建了居住区生活服务生态圈，为居民提供了高品质的智慧物业服务。

第2篇 城市运行管理服务平台系统建设

图 4-12 智慧物业数据分析展示平台

图 4-13 智慧物业基础应用平台

(2) 加强物业全域数据采集工作,如图4-14所示。第一,加强物业基础类数据采集。汇集小区房屋管理、楼宇管理、车辆管理住户管理、缴费管理、财务管理、员工管理等基础数据。第二,加强公共服务数据采集。汇集供水、供热、供气应急抢修以及地磁、烟感、门磁、井盖、燃气检测等物联网安全监测设备数据。第三,加强商业服务数据采集。汇集家政、餐饮、维修等小区周边商业服务所产生的相关数据。第四,加强物业管理过程数据采集。汇集业主大会、业委会决策、群众投诉、举报受理等相关数据。通过以上措施，初步实现了数据汇集全覆盖。

图4-14　物业全域数据采集

(3) 打造更多物业服务场景应用。依托智慧物业管理服务平台，从物业基础服务、居民服务、协助管理3个方面打造了12项应用场景。在物业基础服务方面，打造了智能停车、智能消防、安全预警等3项应用场景，通过提高设施设备、人员车辆管理的数字化、智能化水平，改变传统的基于人工劳动的物业管理模式，提高物业服务效能，为物业服务企业降本增效、拓宽服务领域提供有效技术支撑。例如，当居民家中楼栋单元内发生火情或煤气泄漏事件时，预警设备能及时发出信息，对居民进行提醒。当车辆违规停放时，地磁感应能及时发现违停车辆，并发出挪车提醒。此外，还实现了对物业作业车辆的作业状态、作业轨迹、行驶里程、行驶油耗、清扫质量等进行综合监控，并及时根据作业服务质量进行调整。在居民服务场景方面，针对小区居民最关注、最迫切的需求，打造了线上缴费管理、线上预约服务、每日热销、招聘信息展示4项典型智慧服务场景，为居民提供便捷高效的服务，增加居民的体验感和获得感。例如，周边商家可以将每日热销产品、特价商品通过电视、手机App向居民进行推送，或通过智慧物业平台向居民发送相关商业优惠活动信息。居民可以接收相关促销信息，领取优惠券等，实现线上线下商业有机融合。在协助管理方面，搭建了办事指南、居民投诉处置、市容市貌治理、居民投诉处置、城市积分管理5项应用场景，协助社区处理基层管理相关事件，进一步提升基层治理水平。表4-1展示了克拉玛依市智慧社区的应用场景。

表4-1 克拉玛依市智慧社区应用场景

序号	场景名称	场景描述	重要数据	有关部门	主要功能
1	智慧停车	地磁感应设备实时感应车位停车情况，并传送数据至办公室。小区管理员通过感应车位数据情况，可对进入小区车辆进行停放引导	地磁感应数据	小区、物业管理	小区、物业管理员通过地磁感应设备，能够在办公室实时查看车位停车情况，并对进入车辆进行停车指引
2	安全监测	烟雾传感器实时感应区域内烟雾情况，并实时传输烟雾感应数据至小区管理员。当烟雾传感器捕捉到烟雾时，立即传输传感器数据；燃气传感器实时应区域内燃气泄漏情况，并实时传输燃气感应数据至办公室。当燃气传感器捕捉到燃气泄漏时，立即传输燃气感应数据，能够及时发现火情，防止形成火灾，保障小区居民生命财产安全	烟雾感应数据，燃气感应数据	小区、物业管理	通过安置的烟雾传感器和燃气传感器，实时感应楼栋烟雾或燃气情况，当检测到烟雾或燃气时，立即向小区、物业管理员进行告警，物业管理员对居民进行警示，防止灾情发生
3	智慧井盖	井盖感应器实时感应井盖偏移情况。当井盖被挪动、翘起，发出异响时，立即向小区管理员发出告警信息，小区管理员能够立即到达现场进行处置，防止井盖异常或井盖丢失造成人员跌落等情况发生	井盖感应数据	小区、物业管理	通过安装井盖感应器能够感应井盖偏移数据，当井盖翘起、挪动时，立即向小区、物业管理员进行告警，小区管理员根据告警信息进行实地查看，处理井盖移动问题
4	智慧门磁	门磁感应器实时感应箱门开合情况。当有门磁感应箱门的配电箱、储物箱门被打开时，立即向小区、物业管理员发出告警信息，小区、物业管理员能够立即到达现场进行处置，防止触电事故或盗电等情况，防止发生触电事故或盗电等情况	门磁感应数据	小区、物业管理	通过安装门磁感应器能够感应箱门开合，当箱门打开时，立即向小区、物业管理员进行告警，物业管理员根据告警信息进行实地查看，防止发生触电事故或盗电等情况

(续表)

序号	场景名称	场景描述	重要数据	有关部门	主要功能
5	居民投诉处置	居民可直接登录"贴心城管"手机App或微信小程序，对需要投诉反映的各类问题进行投诉。物业资讯类等问题可直接进入"业主议事"栏目进行咨询，对市民群众投诉的各类问题及时进行翻译，实现接诉即办，提升市民群众的满意度	手机App或微信小程序上报数据	各相关部门、各街道、各区	市民群众通过手机App上报相关问题，由城市管理信息化平台进行处置，市单派遣至相关部门查将工作单派遣至相关部门进行处置。市民群众可全程查看查看处置流程，进一步提升问题处置效率
6	社区微脑	建立社区微脑，汇集社区人口数据、社区车辆数据、社区基本数据，社区商业情况、供水以及供水、供热、燃气等情况，并对社区人口情况、高发问题等进行智能分析处置情况分布志愿者活动以及应急处置情况等进行汇总，实现"社区一屏观天下"，是社区数据汇集分析中枢大脑	社区人口数据，全市车辆信息数据，商户工商登记数据，社区志愿者活动开展数据，手机App或微信小程序上报数据，网格员上报工单数据，供水、供热等数据，供水、供热等管网压力数据，抢修维修相关数据	市住建局，市人社局，市市场监管局，市供水公司，市燃气公司，市供热公司，街道，社区	实现社区与居民群众有关数据的关联汇总。实现相关数据的关联分析预警告知。实现相关数据的关联分析预警告知，实时分类展示，为社区进一步提高服务质量提供支持
7	住房异常处置	以社区每户为单位，通过将用户用水、用气信息与户主信息进行关联，当家中用水异常、用气异常时，及时向社区工作人员发送提醒信息并进行入户调查，切实提高社区人员安全指数	社区人口数据，社区住房信息数据，社区居民供水、供气数据	市燃气公司，市供水公司，社区	用户用水、用气量在规定时间内明显发生异常情况，则向社区工作人员进行提醒。例如，用户无用水、气数据，以及数据短时大幅增加则进行预警提醒

(续表)

序号	场景名称	场景描述	重要数据	有关部门	主要功能
8	线上缴费服务管理	市民群众可在家中通过网络电视(带刷卡设备)、手机App以及微信小程序缴纳物业费、水费、燃气费等	物业、供水、供热、燃气缴费数据	市燃气公司、市供水公司、各物业公司	市民群众通过各种渠道实现线上缴费,进一步方便市民群众开展缴费工作
9	招聘信息发布	市民群众可通过电视、手机App以及微信小程序,及时了解各类招聘信息,切实将市民关心的招聘信息进行汇集发送	招聘信息数据	市人社局	全面采集各企业招聘信息,并通过城市管理服务平台进行多渠道宣传
10	线上预约服务	搭建城市管理网上服务商城,家政服务、搬家服务等不间断预约上门服务,居民可进行满意度评价,切实提高服务效率,提升服务水平	社区住房信息数据,商户工商登记数据,维修服务、搬家服务、家政服务等6大类,81小类服务数据。	市城市综合服务中心	为商家入驻提供线上网上商城,鼓励各商家入驻并提供优质服务,对服务质量进行监督
11	商业信息精准发布	社区周边商户可以通过电视、手机App以及微信小程序及时向社区居民发送相关商业优惠活动信息,居民可以接收相关促销信息、领取优惠券等,实现线上线下商业有机融合	社区住房信息数据,商户工商登记数据,商户服务数据	市城市综合服务中心,各商户	实现居民线上购物功能、线上广告平台功能、线上服务预约功能、商家优惠信息接收和优惠券领取功能、线上线下融合的O2O功能
12	每日热销	社区周边商户将每日热销产品、特价产品通过电视、手机App以及微信小程序及时向社区居民进行推送	社区住房信息数据,商户工商登记数据,商户服务数据	市城市综合服务中心,各商户	实现商家优信息点对点发送,完善线上线下商业融合

(续表)

序号	场景名称	场景描述	重要数据	有关部门	主要功能
13	物业通知	居民可以在线上进行物业问题咨询、评价、投票等，搭建业主和物业公司之间的沟通桥梁，实现城市管理"大循环"与社区"微循环"有机结合。同时，通过城市综合管理服务平台，有机结合，及时将极端天气信息、温馨提醒信息精准发送至每户居民，切实做到提醒人员精准、范围精准、服务高效	社区住户基础数据，社区住房信息数据，商户工商登记数据，商户服务数据，网格员上报工单数据，手机App或微信小程序上报数据，气象数据	市住建局、各物业公司	实现开通小区业主线上议事、在线投票、在线答疑、在线评价等功能，并通过打通社区平台实现信息精准传递，实现物业信息精准发送
14	社区通知	社区通过城市综合管理服务平台将相关信息发送至居民电视、手机App以及微信小程序端，精准分户进行信息通知发送	社区人口数据，商户工商登记数据，商户服务数据，网格员上报工单数据，手机App或微信小程序上报数据，气象数据	各社区	实现社区信息分户、分人精准发送提醒
15	办事指南	居民通过电视、手机App以及微信小程序查询各项办事指南，方便群众及时了解各项办事政策及相关信息	各业务办理基础数据	各社区	实现社区各类事务办理的线上通知宣传

4.2.3 和田市智慧社区(小区)建设

和田市聚力打造住宅小区"智慧物业服务+"品牌，促进物业服务提升和行业转型升级，选择京和小区为地区级物业示范小区和党建引领示范点，构建"行业自律、群众满意、政府放心"的居住小区新格局。京和小区智慧社区建设共有6个模块，分别为：基础数据、物业服务、小区管理、内部管理、系统管理、物业缴费。

(1) 基础数据模块。该模块为小区/社区物业提供全方位数据支撑，包括区域管理、单位管理、居民管理、物业员工管理、车辆管理、设备管理等。数据采集途径分为平台手工录入及居民自行修改两部分，为智慧体系的运行提供安全、可靠的大数据分析(应用、服务、管理、监管)。自小区投入使用后，已录入本小区9栋楼宇、1038户信息、2442人员信息、498车辆信息，对人、事、物的管理建立电子数据，居民精准在线服务、缴费已得到改善，实现"让数据多跑路、群众少跑腿"的承诺。

(2) 物业服务模块。该模块为居民提供服务及信息反馈，具体有报修管理、公告管理、物业指引、信息反馈、告警工单、健康信息、注册审核、投票管理、运营报表等运营功能。自小区投入使用后，居民保修服务、安防类设备(燃气报警、烟雾报警、高空抛物、消防通道违占)告警处理、群众监督、群众举报等一体化服务与监督实现了信息化，为"行业自律、群众满意、政府放心"提供了安全可靠的数字化平台。

(3) 小区管理模块。该模块集为小区现代化治理模式集物业人员的管理、车辆管理(门禁，人车AI识别)、小区监控、云广播、消防、闲置房屋管理、出租房管理、违章停车自动报警、识别于一体。自模块投入使用后，人员、访客、车辆、访客车进入小区时将进行无感知的抓拍存档，为小区进出管理提供便利。通过小区智能监控，对停车场、垃圾场、电瓶车存放处(充电桩)进行异常报警，为问题的及时处理提供现代化技术保障。对于闲置房屋管理、出租房管理开门告警、人员管理、到期自动上锁、远程开锁等管理得到改善。

(4) 内部管理模块。该模块对小区物业人员的管理提供考勤、在线服务、处理派单、工单处理、告警处理速度、质量等评估，物业、业主通过智能平台形成各类信息交互，"一站式"解决各类生活问题。

(5) 系统管理模块。该模块主要用于小区指挥体系的部署，智慧大屏的配置、角色管理、全局配置、日志管理、账号管理、消息中心、任务中心等部署功能。自小区投入使用后，在人民路社区三楼智慧屏部署了此平台的功能演示区域，物业办公室部署了其他应用功能，截至目前，所有功能均良好运行状态。

(6) 物业缴费模块。该模块主要解决居民缴费、物业费用是否按标准收费等困惑。自小区投入使用后，居民可以使用微信公众号注册登录的简单方法来查询物业费，并在获取收费项目，账单等信息后直接进行缴费。系统将自动推送电子票据，为居民提供安全、便利的缴费通道。

4.2.4 阿克苏市智慧社区(小区)建设

阿克苏市祥和里老旧小区改造项目规划区域为民主路以西、人民路以东、祥和路以北、团结路以南，总建筑面积23万平方米，共有28栋居民楼。小区改造前，第二建筑家属院、金石建业、西苑小区、液化气家属院、水利大厦、金鼎华府等10个小区各自分散为块，是历经三十年风雨侵蚀的老旧小区。小区内60岁以上老人占总人数的30%，是典型的老小区、老龄化、老国企退休工人聚集地，也是各民族嵌入式居住地。该片区内房屋普遍建于20世纪90年代，基础设施老旧、公共配套缺失、线路管网杂乱、私搭乱建严重、管理治理不到位，加之紧邻小南街、第二小学，临街餐饮店较多，人流量大、机非不分、道路拥堵，群众生活不便，人居环境脏乱差，严重影响了城市形象。由于房屋年久失修，没有外墙保温，夏季漏雨，冬季漏风，极寒天气时，居民晚上只能和衣而睡，因此要求改造的意愿十分强烈，改造提升势在必行。如何提高小区的宜居性，让居民生活得更好，成为地委、行署、市委、市政府关心的大事。2020年6月，该区域作为全市老旧小区改造项目先行启动区，以如下六项措施全面开展改造。

(1) 集中连片系统规划。坚持"位置相邻、集散为整、邻里相通、文化相连、生活相关"的原则，将外围街区整治、相近相连老旧小区围墙打通，统一规划，打破空间分割，拓展公共空间，整合公共资源共享，推进零星改造到组团式、连片改造顺利开展。

(2) 以人为本，共建共治。充分贯彻"以人为本，需求导向、共同缔造"理念，广泛组织发动群众，促进信息共享、协商、全程参与。

(3) 建立联动机制，充分发挥街道、社区、物业、业主、管线单位等多方力量，按照"群众点单、分片包楼包户、红黑榜上墙"的模式，压实责任，强力推进。

(4) 精准施策综合改造。牢牢把握"改"这个重点，根据《新疆维吾尔自治区城镇老旧小区提升改造工程建设技术导则》，从群众最关心的问题入手，逐项梳理，逐个分析，通过交通流畅、设施提升、文脉创新、绿脉延伸、完善配套、管线入地、美化家园、物业整合这8项计划，做好安防、消防、道路、照明、水电气暖、建筑物修缮、管线入地等14项基础类改造，解决基础设施老化问题。

(5) 大胆探索，多方筹资。坚持政府、居民、专营单位、市场多方共同出资的原则，以财政投资为杠杆，撬动专营单位出资、社会资本参与、居民出资。整个片区改造总投资4800万元，其中政府通过亚行贷款筹资1200万元，通过申报专项债券筹资1000万元，申请中央预算内资金1000万元，财政配套900万元，社会筹资700万元。

(6) 党建引领，长效管理。发挥街道、社区党建引领作用，因地制宜创新小区治理模式，建立健全小区长效管理机制，推动治理重心下移，共同维护改造成果。

小区的环境变美了，居民出行便捷了，配套功能完善了，文化气息浓厚了，旧片区更舒适宜居、更温暖宜人，看得见的变化回应了群众的期盼，极大程度地增强了群众的幸福感、获得感和幸福感。

4.2.5 昌吉市智慧社区(小区)建设

昌吉特变·森林花园坐落于昌吉市城南，东临2600亩原生态森林公园、南临特变电工总部商务基地，是特变电工倾力打造的以人为本、人车分流、配套设施齐全、环境优雅、拥有高端智能化的住宅小区。森林花园力求通过科技的力量，在节能、生态、环保、舒适度等方面做到完美的结合。小区智能化体系采用网络型家居智能终端控制器，集成了可视楼宇对讲门禁系统、全天候周界电视监控系统，建成了中央监控系统、周界防范系统、智能IC卡门禁系统、单元可视对讲系统，地下车库采用车牌识别系统，实现无卡进出。此外，还采用背景音乐系统，为小区营造了轻松、惬意的休闲氛围。

4.2.6 奎屯市智慧社区(小区)建设

奎屯市智慧物业平台是搭建以政府、物业行业协会为驱动，街道办事处、社区居委会、物业服务企业和业主委员会共同参与，服务于政府、业主和物业服务企业的监督信息化系统，结合奎屯市城市管理局"双管、双服、双提升"工作机制，实现物业管理让群众满意的工作目标，创新发展以强化政务监督带动物业行业发展，从而全面提升物业服务企业内部管理和提升服务业主能力建设的信息化管理体系，最终实现物业管理"共建、共治、共享"的工作目标。

平台使用大型数据库，系统涵盖信息管理、客户服务、财务管理、人事管理、行政办公、工程设备、品质管理、消防治安、绿化保洁、仓库管理、车辆管理、决策分析等内容,为物业管理企业提供一站式的管理信息化系统,供物业服务人员使用,快速提高工作效率,提高业主满意度。

以物业小区为基点,涵盖物业服务、生活消费、上门服务、社交等最贴近小区居民需求的应用平台。通过业主端,业主可以方便地在线联系物业管理处,及时接收物业通知、查询物业水电费,在线报修、在线支付、投诉建议、发布租房售房等;提供小区周边商家的产品服务信息,保洁服务、月嫂服务、托老服务、开锁服务、快递揽收等,可以直接使用手机下单购买或预订。同时,还可以通过生活圈进行邻里互动,全市小区业主投诉、报事、报修率、动态上报可视化,用以监督管理物业企业完成情况、业主线上回访评价情况跟踪,从而获得及时有效的反馈信息,帮助打造高品质的小区生活服务,让小区居民的生活更便捷,更安全,更舒适。

运用大数据建设物服企业监管体系,通过BI大数据可视化,监管全市43家物业公司的数据指标。目前,平台覆盖66个小区,使用应用场景监管指标化,可以获得物业投诉率、物业报修处理率、小区物业停车收费率、小物业费收费率、保安服务状态、清洁绿化状态、小区车场进出状况分析,通过物联网逐步完成实现物业管理的专业化、现代化的转型升级。

4.2.7 伊宁市智慧社区(小区)建设

伊宁市城市管理局通过打造如图4-15所示的"智慧物业综合服务厅",形成集物业服务、民生应用、智慧家庭于一体的高效信息化物业管理平台,让广大市民享受更加智慧便捷、舒适美好的生活体验。

针对日益突出与物业相关的矛盾及投诉,通过"我的伊犁"公众号实现线上报事报修,快速解决居民日常生活中出现的问题,做到物业服务更便捷更贴心。针对不擅长手机操作,尤其是手机键入文字的小区老年人群,联合电信公司在电视终端设置"智慧电视",可以通过电视直接和物业进行视频连线沟通交流,方便快捷,有效地解决了老年人群,尤其是独居老人日常生活中的困难和问题。运用物联网、大数据、人工智能等技术手段,赋能"智慧物业"建设,实现居民"周边购"随时下单快速送达,"社区医生"24小时在线,"各种生活缴费"足不出户等便民功能,越来越多的居民体验到了"智慧化"的便利。为进一步提高物业公司信息化管理服务,提供安全、便捷的数字生活服务,根据物业企业的需求及小区的实际情况,定制安装了人脸抓拍视频监控、人脸门禁、云广播、违停抓拍等智能设备,解决了疫情防控、流动人员管理、车辆违停告警等管理需求,成功满足物业服务安全性、便民化、可视化等服务需求。

图 4-15 伊宁市智慧物业综合服务厅

第5章

智慧体检建设

5.1 自治区智慧体检系统建设概况

5.1.1 建设背景

改革开放以来，我国的城市建设与发展取得了举世瞩目的成就，城市管理体制也在不断完善。但是，随着发展阶段的不同，城市发展大环境的变化，城市发展目标和政府的治理机制要相应转变。党的十九大指出，新时代我国社会主要矛盾是人民日益增长的美好生活需要和不平衡不充分的发展之间的矛盾，必须坚持以人民为中心的发展思想，不断促进人的全面发展、全体人民共同富裕；总任务是实现社会主义现代化和中华民族伟大复兴，在全面建成小康社会的基础上，分两步走，在本世纪中叶建成富强民主文明和谐美丽的社会主义现代化强国。根据党提出的对新时代我国社会主要矛盾的认识，领会新时代总任务要求，在实现中国梦的征程中，充分发挥城市的作用是必然的。早在2015年，中央城市工作会议就指出，城市是我国各类要素资源和经济社会活动最集中的地方，全面建设社会主义现代化国家、加快实现现代化，必须抓好城市这个"火车头"。推动城市体检工作的开展，就是在城市规划建设管理中贯彻新发展理念，推动城市转型发展，改变粗放型管理方式的具体实践。

党的十九届五中全会擘画了推进国家治理体系和治理能力现代化的新蓝图。作为国家治理的重要内容，空间治理以各类国土空间要素为抓手，通过促进山水林田湖草沙国土空间生态要素的布局优化，引导土地、劳动力、资本、技术、数据要素向先进生产力集聚等一系列政策措施，落实国家发展战略意志、提高城市综合治理水平、有效回应人民美好生活需要。站在"两个一百年"奋斗目标的历史交汇点，构建符合中国城乡发展需求的空间治理体系，有助于保障国家战略有效实施、促进国家治理体系和治理能力现代化。城市体检评估既是落实党和国家战略、有效行使国家职能、优化治国理政的重要手段，也是各城市及时评价城市发展状态、优化规划实施的重要政策工具，可及时揭示城市空间治理中存在的问题和短板，确保规划实施的严肃性和权威性，同时聚焦"大城市病"治理，有效促进城市人居环境高质量发展。

新疆维吾尔自治区将城市体检、城市评估工作与城市运行管理服务平台综合评价系统有机结合，将城市体检评估的相关指标与智慧社区、智慧市政等动态实时监测数据结合，通过实时监测、平台上报、实地考察、问卷调查等方式获取相关数据，并采用大数据分析、卫星遥感等方法，对城市运行监测和城市管理监督工作开展综合评价。同时建立城市运行监测、城市管理监督评价指标体系，推动评价数据采集自动化、评价方法科学化。通过综合评价，为城市更新提供决策建议。

自治区城市综合管理服务业务系统分为自治区城市综合管理服务平台、地(州、市)城市综合管理服务平台、县(市、区)城市综合管理服务平台三级监督管理服务平台。其中，智慧社区(小区)按照自治区、地(州、市)、县(市、区)、街道、社区、小区(物业)六级业务体系进行建设；智慧城管按照自治区、地(州、市)、县(市、区)、街道、社区、小区(网格)六级业务体系进行建设；智慧市政按照自治区、地(州、市)、县(市、区)、市政企业、用户(企业、单位、小区)五级业务体系进行建设，如图5-1所示。

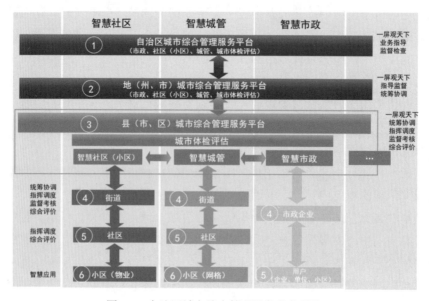

图 5-1　自治区城市综合管理服务业务系统

新疆维吾尔自治区城市综合管理服务平台数据按照国家、自治区、地(州、市)、县(市、区)、基层单位五级业务体系进行逐级汇聚和传输。县(市、区)平台收集基层单位服务平台的城市管理部件事件数据、视频监控数据、综合评价，对接市政监管、社区(小区)和智慧城市管理数据，并对数据进行整合、汇聚上传至地(州、市)平台；同时，接收地(州、市)平台下发的业务指导、监督检查、公众诉求、舆情监测等数据。地(州、市)平台对接和汇聚县(市、区)平台的城市管理综合性数据，同时接收自治区平台下发的业务指导、监督检查、公众诉求、舆情监测等数据，并将数据传输至县(市、区)平台。自治区级平台对接和汇聚地(州、市)平台的城市管理综合性数据，同时接收国家平台下发的业务指导、监督检查、公众诉求、舆情监测等数据，并将数据传输至地(州、市)平台。通过五级平台的业务数据传输，实现自治区城市管理数据的逐级汇聚与交换，为平台业务流转和高效运行提供有力保障，如图5-2所示。

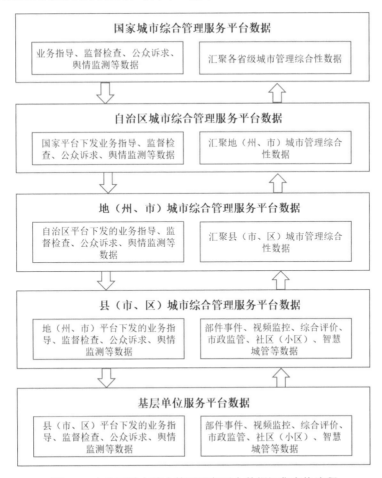

图5-2　自治区城市综合管理服务平台数据汇集交换流程

2019年，住建部印发《住房和城乡建设部关于开展城市体检试点工作的意见》(建科函〔2019〕78号)，提出试点城市要充分利用"多规合一"协同信息平台、工程建设项目审批管理系统、数字化城市管理平台数据，按照"数字城市""智慧城市"的要求，建立"统一收集、统一管理、统一报送"的市级城市体检和评估信息系统。2020年，住建部印发《住房和城乡建设部关于支持开展2020年城市体检工作的函》(建科函〔2020〕92号)，选定乌鲁木齐市作为2020年城市体检样本城市，提出各样本城市要"加强城市体检工作技术支撑，建立城市体检信息平台"。2021年，住建部印发《住房和城乡建设部关于开展2021年城市体检工作的通知》(建科函〔2021〕44号)，提出"各地要按照建立国家、省、市三级城市体检和评估信息平台要求，充分利用现有城市规划建设管理信息化基础，加快建设省级和市级城市体检和评估信息平台"。

5.1.2 建设目标

按照城市综合管理"一网统管""一屏观天下"总体建设部署，落实城市"一年一体检、两年一评估"的工作制度，建立"城市体检—问题反馈—决策调整—持续改进"城市科学发展的长效机制，围绕城市体检评估工作安排，充分利用现有城市规划建设信息化基础，依托城市综合管理服务平台、政务信息共享平台以及相关部门(单位)平台数据等搭建智慧体检系统，实现诊断分析、问题查找、智能评估、辅助决策、监测预警、整改跟踪落实等功能。随着城市体检和评估工作的推进，为精准把脉"城市病"提供有效辅助，为人居环境改善提升提供科学、可靠的信息技术支撑。

城市体检评估(城市综合评价)系统是自治区级平台的核心系统，根据《自治区城市发展质量评估指标体系》要求，围绕各市(县)城市特色、城市交通、公共服务、城市活力、宜居环境、公共安全和城市管理等确定的9个方面、50项具体内容开展城市体检工作，查找存在的问题，提出改进建议；同时，根据《自治区城市建设管理体检和评估工作细则》要求，围绕建设人文城市、建设生态城市、建设绿色城市、城市住有所居、市政基础设施建设、城市公共安全、城市管理执法、城乡统筹和人居环境整治等八个方面开展城市评估工作。系统提供评估指标管理、评估配置管理、评估指标填报、评估任务管理、评估数据审核、评估结果生成等功能模块。

5.1.3 建设内容

1. "一屏观天下"系统

基于智慧住建"时空动态一张图"基础地图数据，综合运用5G、大数据、云计算及人工智能等前沿科技构建的平台型城市协同和智能中枢，拓展"一屏观天下"建设。通过整合汇集政府、企业和社会数据，利用丰富的城市数据资源，在城市管理领域进行融合计算和模拟仿真，对城市进行全局的即时分析。借助"数据＋算法"，为自治区平台提供预测预警，实现城市运行的生命体征感知、应急指挥调度、宏观决策指挥、事件跟踪评价、真正落实"城市病"源头治理。用城市的数据资源有效调配公共资源，不断完善社会治理体系，推动城市可持续发展。"一屏观天下"包含应急调度专题和城市运行体征两个专题。

1) 应急调度专题

结合自治区城市综合管理实际需求，依托城市综合管理服务平台加强城市安全体系建设，完善城市公共安全运行管理机制，建设应急调度专题，整合城市管理领域现有的公共安全资源，建立集中统一、层次分明、序列协调的安全管理体系，向社会公众提供系统化的安全服务。提供城市综合管理服务智能监测、预警服务、应急指挥调度，包括运行数据监测、综合预警处置、应急指挥调度。自治区城市综合管理服务平台通过运行数据监测、综合预警分析、应急指挥调度三个方面助力城市公共安全体系建设。

(1) 运行数据监测。

依托自治区城市综合管理服务平台对市政、园林等城市管理行业基础设施数据的汇聚整合，掌握城市管理基础设施的建设情况；借助物联网感知设备实现对城市基础设施的健康状态监控；对日常供水、供电、供热、供气等行业领域的运行状态监管，保障城市管理各项基础要素平稳运行，提供更加安全的城市综合管理和服务。基于智慧住建"时空动态一张图"，大屏幕、一体化、多形式、多维度地展现城管、市政、社区(小区)管理资源和运行情况。

(2) 综合预警处置。

综合预警处置根据指挥调度的分类、分级预警指挥调度标准，通过大数据分析技术和预警研判模型，为指挥者提供决策依据，并按照预警事件分级分类预警规则、处置标准和预警处置工作流程，实现风险预警、辅助决策、综合评估、处置评价等功能。

(3) 应急指挥调度。

在城市突发安全应急情况时，通过自治区城市综合管理服务平台应急指挥调度模块，以视频会议系统和移动视频对讲为基础，以视频监控系统为骨干，构建预警指挥调度资源池，实现发生预警事件、突发安全事件时，通过相关视频资源开展现场指挥调度工作，提高城市安全应急反应效率，将突发事件安全风险系数降至最低。

2) 城市运行体征专题

基于智慧住建"时空动态一张图"，整合城市日常城市管理相关数据，对城市状态进行全方位的监控，并进行可视化管理和展示。通过对接各市县市区上传的城市管理部件、事件、各城市管理部门信息、监督员信息、物联网设欠、视频监控等基础数据，建设城市体征专题(日常管理)，为城市运行提供前瞻分析，方便城市管理者一目了然地掌控城市运行的总体运行状态。

城市运行体征专题包含管理体系、城市运行体征、城市智能发现告警情况、全流程闭环管理模式、市民举报问题情况、紧急突发问题等内容。

(1) 管理体系。

直观展示支撑全区城市大脑建设和运行的多级管理体系，支持根据管理重点动态调整更新管理体系相关数据。管理体系建设内容主要包括市中心、县中心及接入的市属部门等多级管理体系。

(2) 城市运行体征。

展示城市管理运行基本数据情况，支持根据城管、市政、社区(小区)重点以及日常运行数据的变化情况，动态调整更新城市运行体征相关数据。城市运行体征建设内容主要包括城市基础数据、城市家具、案件来源情况、案件处置情况、案件结案情况等。

(3) 城市智能发现告警情况。

展示城市管理通过智能化手段智能发现告警情况，通过对接各市县已建设的智能化设备获取数据，支持根据城管、市政、社区(小区)重点以及日常运行数据的变化情况，动态调整更新智能发现告警数据。城市管理智能发现告警情况建设内容主要包括智能发现告警数量、智能发现告警类型等。

(4) 全流程闭环管理模式。

通过物联网、视频监控等智能发现设备发现城市管理问题后，案件流转通过闭环管理流程，方便中心在接待汇报时，能够直观展示案件流转全过程及创新的闭环管理模式。

(5) 市民举报问题情况。

通过接入汇聚各市县(市、区)市民举报问题，展示市民通过各种方式针对城管、市政、社区(小区)问题提出的建议和意见情况，以及城市管理部门的响应程度和市民的满意度情况。市民参与城市治理的方式主要包括：热线、微信公众号、微信小程序等。

(6) 紧急突发问题。

展示城市管理紧急突发问题的实时进展情况，实时了解突发事件的详细信息、地图定位、上报人、处置部门、处置人员、处置进度以及处置前后对比照片等。

2. 城市体检系统

根据2021年《自治区65+N城市体检指标体系》，城市体检围绕生态宜居、健康舒适、安全韧性、交通便捷、风貌特色、整洁有序、多元包容和创新活力八个方面、81项指标，采取城市自体检、第三方体检和社会满意度调查相结合的方式开展。该系统主要包含城市体检指标管理、城市体检数据采集、社会满意度调查、城市体检数据分析、城市体检报告生成等功能模块。

(1) 城市体检指标管理模块。城市体检指标由住建部年度城市体检指标体系与该区特色指标结合组成，并应用于城市自体检、第三方体检，作为各市(县)自体检和第三方体检的依据。

(2) 城市体检数据采集模块。城市体检数据采集包括获取和填报两种形式，数据需设定为截至城市体检上一年度12月31日的数据。获取类指标为与其他已建平台数据相关联的指标，满足条件可自动获取填报；填报类指标主要是指通过各市(县)自主填报的各类指标数据。该模块是在城市自体检、第三方体检所在的填报周期内，按照要求完成所有指标的填报项，然后上报审核。系统可在已报送栏查看其填报任务状态、报送详情及进度情况，对数据进行支持根据时间和填报部门筛选。

(3) 社会满意度调查模块。围绕生态宜居健康舒适与整洁有序、多元包容与安全韧性、创新活力与交通便捷、居民提案与基本情况四部分问题，采取有奖问答的形式开展社会满意度调查。公众填报数据后，按照设定的公式进行计算分析，全面了解群众对城市人居环境质量的满意度，查找群众感受到的突出问题和短板。

(4) 城市体检数据分析模块。针对城市体检各项指标，根据采集的各类数据按照定性与定量、主观与客观相结合的原则，按照设定的公式和算法进行对比、分析和计算，基于指标评分标准，生成各分项得分和总分，综合评价城市人居环境质量，查找城市建设发展存在的问题。

(5) 城市体检结果生成模块。城市体检结果生成模块应具备基于城市体检指标数据和对比分析情况，按规定的自体检、第三方体检、满意度调查周期生成体检结果的功能。体检结果可采用文字、图表等可视化方式表达。通过数据对比，分析出城市发展和城市规划建设管理存在的问题。可自行输入具体内容，最终在规定的时间内，与分析数据合并生成体检报告。

3. 城市评估

根据2021年《自治区城市建设管理体检和评估工作细则》，城市评估围绕建设人文城市、建设生态城市、建设绿色城市、城市住有所居、市政基础设施建设、城市公共安全、城市管理执法、城乡统筹和人居环境整治等八个方面开展。该系统主要包含城市评估指标管理、城市评估配置管理、城市评估指标填报、城市评估任务管理、城市评估数据审核、城市评估结果生成等功能模块。

(1) 城市评估指标管理模块。评估指标包括填报核查和现场检查两种。填报核查类指标主要是通过各个被考评城市主动填报各类指标的相关数据；现场检查类指标主要通过专家成员到达被考评城市现场，进行现场检查打分。检查项属于具体的考评细则，对应于填报核查指标中的填报细项和现场检查指标中的检查细项。

(2) 城市评估配置管理模块。城市评估样本点管理用于设定和管理城市现场检查考核的地点和场所，包括：主干道、次干道、支路；公园广场、交通枢纽、市场、景区；垃圾收集站、垃圾转运站、公共厕所；水体：河道、湖泊等。评价对象管理，实现对被考评的城市的维护管理，考评对象的维护管理，包括新增、修改等，支持考评对象按照区域分组管理(主要指各个地级城市)。用于支撑后续的考评任务抽取。评估人员管理考评具备考评人员分组管理、考评人员管理、考评人员绑定样本点功能，便于考评人员分组安排。

(3) 城市评估指标填报模块。城市评估指标填报，根据考评分类体系填报城市管理的各类运行指标数据，包括城市基础数据和各个相关行业的管理数据，评价城市综合管理服务水平。评估指标报送主要在考核填报周期内，按照要求完成所有指标的填报项，然后上报审核。系统可在已报送栏，查看其填报任务状态、报送详情及进度情况，支持根据时间和填报部门对数据进行筛选。

(4) 城市评估任务管理模块。该模块根据被考核城市和参与考核人员，进行相应现场检查任务的下发。专家组成员到达考评城市现场，根据考评任务中分配的考评样本点和检查项进行现场考核,发现检查项中的问题进行上报。

(5) 城市评估数据审核模块。该模块分为填报审核和考评审核。对于核查上报的填报项和计算的指标进行审核,发现填报的内容有明显异常的,系统做审核标记,并能查看审核记录。检查无异议后,列表中和指标上显示通过标记。对于现场考评上报的检查问题进行审核。现场检查发现有问题的,需要进行扣分,评估审核是否合格。现场检查发现没问题的,根据现场上报的照片和其他渠道获取的信息,认定是否合理。

(6) 城市评估结果生成模块。该模块应具备基于评价指标数据和评估任务完成情况,按规定的评价周期生成评估结果的功能,评价结果可采用文字、图表等可视化方式表达。

5.2 案例汇编

克拉玛依市城市体检评估工作建设

2020年,克拉玛依市作为全疆城市体检样本城市从城市特色、城市交通出行、城市公共设施供给、城市公共服务、城市发展活力、城市宜居环境、城市管理、城乡统筹发展、城市公共安全9个方面、50项指标对城市进行了体检工作,总结出了8方面城市特色亮点:一是城镇化率较高,石油工业文化特色鲜明。克拉玛依城镇化率高达99.14%。二是城市公共设施建设水平较高。三是城市公共服务。城市公共服务水平整体较高。四是综合经济实力明显提升。五是产业发展与环境生态保护协调发展。六是城市管理更加人性化、专业化、精细化、智能化。七是城乡一体化发展势头良好。八是城市综合安全水平较高。

同时,也查找出了8方面城市薄弱环节:一是城市特色街区、4A级景区数量较少。二是城市早晚高峰出行存在拥堵现象。三是城市生活垃圾分类工作还需进一步加强。四是社区养老服务水平还需提升。五是城市发展活力略显不足。六是城市绿化水平还需加强。七是老旧管网改造工作还需加快实施,对城市管理大数据分析结果的应用还需加强。八是城市公共安全方面,还需加强避难场所建设。

2021年,克拉玛依作为全国59个城市体检样本城市,在开展好自体检的基础之上,还迎来住建部城市体检团队来克拉玛依开展第三方城市体检和社会满意度调查评价工作。同时,住建部为了确保全国试点城市体检工作顺利开展,在2021年4月30日上午组织召开了2021年城市体检工作部署暨培训视频会,总结近年城市体检工作情况，部署2021年工作任务。住建部城市体检专家指导委员会有关专家完成了培训，江西省住房和城乡建设厅、成都市人民政府负责同志进行了交流发言。会议要求，要进一步提高对城市体检工作的认识，把城市体检作为推进城市高质量发展、统筹城市发展与安全、落实以人民为中心的发展思想和实施城市更新行动的重要抓手，建立城市体检评估长效工作机制，建设国家、省、市三级城市体检评估信息平台，进一步健全发现问题、整改问题、巩固提升的工作机制。

2021年，克拉玛依市从自治区城市体检样本城市升级为全国城市体检样本城市，重点开展了以下几方面工作。

(1) 制定了《克拉玛依市城市体检工作实施方案》，成立了以分管副市长为组长，4个区和20个组成部门主要领导为成员的领导小组，全面组织协调推进城市体检工作，协调会议如图5-3所示。还组建了城市体检工作微信群，及时做好相关信息沟通交流工作，确保形成合力，全力推进城市体检各项工作开展。

图 5-3　城市体检工作协调会议

(2) 建立克拉玛依特色指标体系，全面诊疗克拉玛依城市发展现状。在住建部城市体检65项指标体系的基础上，积极与市交通局、市文体局、市民宗局相关单位进行多次沟通交流，结合克拉玛依实际情况，融入克拉玛依发展建设特色指标。例如，在生态宜居方面，增加燃气普及率，供水管网漏损率，每万人拥有博物馆、艺术馆、文化馆数量以及城乡垃圾处理一体化设施覆盖率；在健康舒适方面，增加每万人法律援助案件数量；在多元包容方面，增加万元GDP创造就业岗位数，人均基础设施固定资产投资；在交通便捷方面，增加城乡公交客运线路覆盖率；在风貌特色方面，增加县级以上民族团结示范社区占比数量等共9项特色指标，构建具有克拉玛依特色的"65+9"指标体系。

(3) 精细化部署城市体检工作。城市体检工作主要分为数据采集整理上报、社会调查、体检报告编制三个阶段工作。组织各区、各部门分管领导、业务人员开展了多次培训工作，对指标数据获取等进行了深入交流。各区、各部门按照《城市体检工作方案》开展指标数据的收集、整理，对收集来的数据要明确来源、明确计算方式，明确国家、自治区、行业标准的目标值等内容，并进行深入分析。

(4) 全面做好社会满意度调查部署，确保真实摸清社情民意。对各区城市体检满意度调查负责人进行培训。各区按照城市体检满意度调查的相关要求，制定了《城市体检社会满意度调查工作实施方案》，建立了区负责人、街道负责人、社区调查员工作组织框架，随时可以开展社会满意度调查工作。

第6章

智慧工地建设

6.1 自治区智慧工地建设概况

6.1.1 建设背景

党的十八大以来，建筑行业进一步加快转变发展方式，强调走绿色、智能、精益和集约的可持续发展之路。2017年2月，国务院办公厅印发了《国务院办公厅关于促进建筑业持续健康发展的意见》(以下简称《意见》)，在肯定建筑业取得的巨大成就、指出存在的突出问题的基础上，提出今后促进改革发展的总体思路。《意见》中明确提出推进建筑产业现代化，其核心是借助工业化思维，推广智能和装配式建筑，推动建造方式创新，提高建筑产品品质。

2017年4月，住建部印发《建筑业发展"十三五"规划》，旨在贯彻落实《意见》、阐明"十三五"时期建筑业发展战略意图、明确发展目标和主要任务。在产业结构调整目标中，提出加强业态创新，支持新生业态的发展，将建筑信息模型(BIM)为核心的信息化开发应用列为行业技术进步的三大目标之一，推进BIM技术在规划、勘察设计、施工和运营维护全过程的集成应用，助力建筑业持续健康发展。通过云计算、大数据、物联网、移动互联网、人工智能、BIM等先进信息技术与建造技术的深度融合，改变传统建造方式，打造"智慧工地"，将促进建筑企业转型升级，对于建筑业的持续健康发展具有重要意义。

过去的30年，建筑业基本实现了从手工到数字化的转变，为智慧工地的提出和建设奠定了坚实基础。智慧工地是人工智能在建筑施工领域应用的具体体现，是建立在高度信息化基础上的一种新型施工手段，可以支持对人和物全面感知、施工技术全面智能、工作互通互联、信息协同共享、决策科学分析、风险智慧预控等。它的基本特征可以从技术和管理两个层面来描述：从技术层面上讲，智慧工地就是聚焦工程施工现场，紧紧围绕人、机、料、法、环等关键要素，以岗位级实操作业为核心，综合运用BIM、物联网、云计算、大数据、移动通信、智能设备和机器人等软硬件信息技术，实现资源的最优配置和应用；从管理层面上讲，智慧工地就是通过应用高度集成的信息管理系统，基于物联网的感知和大数据的深度学习系统等支撑工具，"了解"工地的过去，"清楚"工地的现状，"预知"工地的未来，将信息与施工生产过程相融合，对工程质量、安全等生产过程以及商务、技术、进度等管理过程加以改造，提高工地现场的生产、管理效率和决策能力，对已发生和可能发生的各类问题，给出科学的应对方案。

住建厅以习近平新时代中国特色社会主义思想为指导，深入贯彻习近平总书记关于安全生产重要论述和"从根本上消除事故隐患"的重要指示精神，按照国务院办公厅《关于促进建筑业持续健康发展的意见》(国办发〔2017〕19号)、住建部《2016—2020年建筑业信息化发展纲要》的工作部署，认真落实自治区人民政府《关于贯彻落实〈中共中央　国务院关于推进安全生产领域改革发展的意见〉的通知》和该厅"十四五"期间信息公开和诚信体系建设工作要求，树牢安全发展理念，强化底线思维和红线意识，坚持问题导向、目标导向和结果导向，加快建筑施工行业信息化管理，推动新疆维吾尔自治区建筑施工大数据融合共享，进一步提升工程建设领域"互联网+"与工程质量安全管控的融合。围绕施工现场人、机、料、法、环等影响生产和施工质量安全的关键要素，建设智慧工地系统，利用物联网、人工智能、5G、云计算、大数据、移动互联网等新技术手段，提升建筑产业本质安全水平，深化源头治理、系统治理和综合治理，完善和落实责任链条、制度成果、管理办法、重点工程和工作机制，有效防范和遏制质量安全事故的发生，提升建筑施工企业和建设工程项目的现场感知能力，降低质量安全事故的发生率，减少企业管理成本，提高施工各环节质量、安全管理水平与工作效率，实现企业工程项目绿色建造与精益建造的目标。

2021年3月，住建厅正式印发实施了《新疆维吾尔自治区智慧工地建设指南》，要求在自治区行政区域内新建、扩建、改建的房屋建筑工程(包括与其配套的线路管道和设备安装工程、装饰工程)、市政基础设施工程、轨道交通工程全部要按照智慧工地标准要求进行建设，并对智慧工地建设责任主体进行了细化分解。其中，平台供应商是智慧工地集成平台的技术提供方，负责软硬件平台持续有效运行相关工作；项目建设单位是智慧工地建设工作总责任单位，负责督促保障各施工单位依据本指南要求开展智慧工地九大应用模块的建设工作；项目监理单位是智慧工地建设的监督单位，负责监督施工单位，以保证智慧工地建设满足软硬件要求且上传数据质量真实、及时、有效；项目施工总承包单位负责智慧工地平台建设、运行和日常维护。

6.1.2 建设目标

通过构建"自治区、地(州、市)、县(市、区)"的三级监管体系，加强对于工程项目实施的事前、事中、事后监管，落实参建各方主体责任和政府监管责任，建设形成涵盖工程基本信息、实名制管理、视频监控管理、机械设备管理、绿色施工管理、安全管理六个方面的标准化智慧工地，为住建部门的业务监管提供数据来源和决策支撑，决定推进三个转变，即质量安全生产由企业被动接受监管向主动加强管理转变、安全风险管控由政府推动向企业自主开展转变、隐患排查治理由部门行政执法为主向企业日常自查自纠转变，最终实现建筑工程项目实施集互联协同、全面感知、智能决策辅助、智能生产、科学管理为一体，建筑业持续健康发展。

6.1.3 建设内容

智慧工地业务功能包含九个模块：工程信息管理模块、人员管理模块、生产管理模块、技术管理模块、质量管理模块、安全管理模块、绿色施工管理模块、视频监控管理模块、机械设备管理模块。每个应用模块分为基本项和可选项，基本项为建设星级智慧工地必须满足应用的内容；可选项为建设星级智慧工地根据项目实际需求开展的九大应用模块中扩展应用的内容，能够满足项目建设的多样性需求。

1. 工程信息管理模块

工程信息管理功能模块基本内容包括：基本信息申报、政企互通、统计信息、综合信息数据分析、智慧工地指挥中心。

基本信息申报，应录入项目名称、地址、规模、投资额、类型、参建单位、开工时间、竣工时间等项目信息，能够实现编辑、查询、展示、提供申报关键岗位人员信息、施工许可信息、危大工程清单等功能，在项目信息栏可查看项目经理、总监理工程师、技术负责人等项目关键岗位人员信息。政企互通：能够阅读政府发布的通知公告，能够进行视频会议，便于监管部门与企业之间的信息传递。统计信息，能够实现统计人员、质量、安全、绿色施工、视频监控、机械设备管理信息功能，展示预警信息。综合信息数据分析，能够实现多维度的数据分析，可查看数据分析结果、报表统计等。智慧工地指挥中心可通过大屏幕看到智慧工地的主要信息。

2. 人员管理模块

人员管理功能模块内容包括：用人计划管理、人员管理、人员考勤管理、人员薪资管理、培训教育管理、诚信管理、人员场内定位管理、智能广播、VR安全教育。

用人计划管理提供用人计划方案管理功能，对工地聘用的班组进行管理，务工人员从属于各个班组，以便进行管理，涉及数据应包括：班组名称、所属工地名称、进场离场日期等。人员管理应掌握的人员基本信息应包含但不限于：姓名、性别、血型、身份证号、民族、出生日期、籍贯、家庭住址、身份证有效期限、政治面貌、文化程度、备案情况、联系电话、暂住地址、紧急联系人、紧急联系电话、身份证复印件、人员登记日期、人员离场日期、所持特种作业证书、职称、岗位证书信息，宜通过系统实现人员合同管理。人员考勤管理，可提供人员通行权限自动判别功能、提供自动统计进出场人员数据功能，人员考勤数据的综合分析，支持考勤人员体温监测联动。人员薪资管理功能包括：系统记录施工企业薪资发放情况、统计施工企业薪资发放记录、可查看发放数据统计、对接银行对工资进行发放，提供发放数据统计、分析功能、发放失败提示功能。培训教育管理功能包括：在线培训教育、通过计算机和手机对引发事故频次较高的危险源进行可视化教育，监督工地安全教育开展情况，现场每日班组教育培训记录上传。诚信管理采集建筑人员的奖励行为和不良行为进行备案，对于有不良记录的建筑人员，可将其加入黑名单。人员场内定位管理通过智能安全帽管理功能实现对场内关键岗位人员、特种作业人员的定位，系统可显示人员定位信息。人员定位技术包含但不限于：北斗、GPS、蓝牙、超宽带（UWB）、RFID、Wi-Fi。智能广播，能通过手机端、文字、与广播联动，直接喊话且支持定期语音通知。VR安全教育，通过虚拟现实技术，将"VR+互联网技术"和安全教育培训相结合，将以往的"说教式"教育变为"体验式"教育，从而增强安全意识。

3. 生产管理模块

生产管理功能模块内容包括：进度管理、采购管理、物料管理、合同管理。

进度管理是生产管理的核心工作，也是生产管理中非常重要的环节，可在系统中进行进度计划的编制并查看，可在系统中进行形象进度填报并展示，可利用无人机设备或视频采集技术实现对形象进度的采集并进行前后视频比对，可实现现场进度信息查看、进度预警、施工相册记录、施工任务管理。采购管理，应能够对材料供应商的基本资料进行信息化备案，以实现物资采购计划的制定与管理。物料管理，宜实现对进场物料的有序编码和对物料的进场进行验收，并记录信息、系统查询物资材料入库的相关信息，统计查询物资材料入库的相关信息，包括入库时间、材料名称、材料数量等信息，将现场收集到的物料、废料数据信息进行统一汇总，对卸料平台超重和危险行为进行报警，防止过量堆载造成的事故。合同管理，提供合同登记的功能，管理所有与合同有关的文件，包括合同原稿、变更文件、附图等，并支持在系统中查看合同信息。

4. 技术管理模块

技术管理功能模块内容包括：项目标准资料规范库、技术文件管理、施工组织设计管理、施工工艺管理、图纸深化优化管理、技术变更管理。

项目标准资料规范库，宜实现项目标准资料规范库分类管理功能、可在系统中完成标准资料规范库录入、查询、展示等功能。技术文件管理，宜实现在线提交技术文件及审查、台账管理、技术文件交底管理功能，系统可在通知公示查看技术文件信息。施工组织设计管理，可实现对施工组织设计的查询、阅览、下载，系统提供施工组织分级管控功能，宜提供问题记录汇总管理功能，可查看记录的问题。施工工艺管理，宜在系统中提供查询施工工艺库功能，提供上传、下载工艺库功能，提供权限分级授权功能。图纸深化优化管理，宜实现图纸审阅、图纸信息筛选、设计图及BIM深化优化图下载、传送、上传功能，系统可实现对图纸信息的权限分级授权。技术变更管理，可实现对技术方案的交底管理系统，可实现技术方案的数据统计、分析、检索。

5. 质量管理模块

质量管理功能模块内容包括：从业人员行为管理、检验检测管理、旁站管理、检查管理、验收管理、质量资料管理、数字化档案管理。

从业人员行为管理，实现对关键岗位从业质量人员资格的核验，实现对关键岗位人员质量行为记录档案管理。检验检测管理，可实现对取样过程记录留存，对检验、检测数据提交，对检测报告的有效性进行验证和二维码见证取样功能，宜实现对预拌商混生产管理并能够记录施工现场、检测机构、管理部门数据，宜实现对现场标养实验室恒温恒湿自动控制、实时采集现场标养实验室温湿度数据、现场标养实验室养护台账记录、现场标养实验室温湿度报警，满足施工现场质量检验和试验的管理要求，提供检验和试验信息管理，包括取样过程记录保存、检验和试验数据现场报送、功能试验、检验和试验数据统计、查询、分析和预警，检验和试验报告的验证。旁站管理，宜实现对旁站发起申请、接收旁站任务、通过手持设备及时填写旁站信息单及拍照和数据上传的、旁站管理中的问题追责，移动设备离线数据的处理，旁站轮换提醒，旁站采集信息的远程查询，满足监理人对施工现场质量管理的要求，提供施工方发起旁站申请、监理人接收旁站任务功能、监理人旁站工作轨迹管理、填写旁站信息表、拍照并采用数据上传、长时间边站轮换提醒功能、远程实时查询边站采集信息、问题问责等方式供监理人员参与工程质量管理。检查管理，提供质量检查项目的电子化管理和制定质量检查计划的信息管理手段，提供检查过程中的记录，支持拍照、文字、视频短片记录和上传记录，实时查看整改完成情况，统计、查询、分析、预警检查数据。验收管理，可实现分项报检功能、监理报检接收功能、具体分项工程验收功能、验收资料填写、验收现场拍照上传功能。满足监理和施工方对工程验收的管理要求，对质量问题及处理全过程进行信息管理，对监理和施工方在验收过程中的工作进行跟踪管理。质量资料管理，实现对检验子单位工程、单位工程以及工程验收过程的行为信息。数字化档案管理对数字档案验收信息化管理，实现自动化档案组卷和数字化档案管理。

6. 安全管理模块

安全管理功能模块内容包括：安全方案管理、从业人员安全行为管理、危险性较大分部分项工程信息管理、安全生产风险管控管理、隐患排查管理、基坑安全监测管理、高支模安全管理、建筑物外墙脚手架监测、临边防护网监测、大体积混凝土测温系统、安全巡检管理。

安全方案管理，宜实现对安全方案在线提交并对该方案进行交底记录，满足施工现场安全计划管理的要求。从业人员安全行为管理，可实现对关键岗位从业安全人员资格认证，宜实现对关键岗位人员安全行为生成档案并对方案进行管理，主要涉及安全关键岗位人员资格的规范化管理，员工安全行为记录档案的规范化管理。危险性较大分部分项工程信息管理，提供危险性较大的分项工程的评定、专家论证管理、登记、施工方案和应急事故处理方案电子记录、危险性较大工程的进度管理、危险性较大工程的分级控制，对项目的危险源进行排查，列出危险源清单，明确危险因素和危险等级，可实现专家论证管理、作业交底、检查记录、验收记录、专家论证的在线查看。安全生产风险管控管理，实现施工现场安全生产风险的信息化管理和控制，提供安全生产风险识别、安全生产风险评级、安全生产风险核算以及相应的施工方案、防护措施、检查管理功能，可对安全生产风险进行识别自检，系统会记录识别过程和识别负责人，以进行统一备案。隐患排查管理，可实现危险源记录功能、提供安全检查计划制定功能、提供拍照和短视频录制功能、提供生成和推送整改通知单功能。检查人员录入检查过程中发现的隐患信息，支持拍照上传，启动整改通知单，通过整改信息通知整改负责人；巡查人员根据整改记录进行复查，并记录整改情况复查是否通过整改。整改完成后，支持整改负责人上传情况，并通知检查人员。基坑安全监测管理，将基坑安全监测与物联网等技术集成应用于基坑施工与维护，实现了复杂深基坑工程施工过程监测可视化、监测数据实时分析、预警推送、发展反演、总部远程监控、重点支护面域变形监测、巡查上报、应急处置等功能，从而提升基坑工程管理水平，降低基坑垮塌的风险。高支模安全管理，实现高支模的自动化监测，包含立杆轴力、水平位移、模板沉降、立杆倾斜、地基沉降等多种监测类型，通过异常监测点的预报警和实时数据，随时监测曲线来判断高支模是否有倾覆危险。建筑物外墙脚手架监测，保证架体的安全稳固，满足施工使用要求，避免发生超出规范要求的沉降及坍塌事故发生，对架体进行有效沉降监测，以便及时进行调整加固。临边防护网监测，临边防护栏被破坏时，现场自动声光报警，并能远程通知到管理人员。形成报警记录并询问是否恢复，是否需要跟进督促，形成管理闭环。大体积混凝土测温系统，将基坑安全监测与物联网等技术集成应用于基坑施工与维护，实现了复杂深基坑工程施工过程监测可视化、监测数据实时分析、预警推送、发展反演、总部远程监控、重点支护面域变形监测、巡查上报、应急处置等功能，从而提升基坑工程管理水平，降低基坑垮塌的风险。安全巡检管理，能够在线进行安全问题的登记，相关责任人员对提交的安全问题信息进行审核，整改通过后进行存档留底，实现安全问题整改处理全过程管理，实现数字化安全资料管理功能。

7. 绿色施工管理模块

绿色施工管理功能模块内容包括：扬尘监测管理、噪声监测管理、施工用电监测管理、施工用水监测管理。

扬尘监测管理，可实时监控PM10、PM2.5数据，具备实时传输监测数据能力，具备与防尘控制设备联动能力，提供监测数据统计、分析、检索功能，提供移动设备实时查看监测数据功能，宜实现提供扬尘与自动喷淋联动。噪声监测管理，具备实时监控噪声数据能力，具备实时传输监测数据能力，提供监测数据统计、分析、检索功能，提供移动设备实时查看监测数据功能，并确保噪声符合国家现行标准《建筑施工场界环境噪声排放标准》(GB 12523)的规定。施工用电监测管理，监控项目现场安全用电情况，通过分析获悉数据判断现场异常用电情况，可及时采取相关措施避免安全隐患事故的发生，实现综合能耗分析功能，可查看终端用电量数据，亦可监测电箱状态、随时探测电箱内一氧化碳、烟雾、温度等。施工用水监测管理，实现水电精细化管理，提供同期能效对比能力，识别现场不规范能耗，并为月水电消耗量提供经验支持及各主要耗能设备能耗统计，细化能耗情况，实现综合能耗分析功能，可查看终端用水量数据。

8. 视频监控管理模块

视频监控功能模块内容包括：视频采集、视频控制、数据存储、设备配置管理、权限管理、联动报警、周界监管、AI识别管理。

视频采集，采集范围覆盖包括但不限于施工现场出入口、办公区出入口、生活区出入口、重点施工作业区域、危大工程作业面、危险区域、禁止进入区域等。需要在制高点布置不少于1台高清球形摄像机，水平支持360°旋转，具备联网传输能力和夜间视频采集能力，有效可视距离不小于30米，支持不少于6路采集数据图像，屏幕菜单式调节方式(OSD)叠加支持兼容HTML5标准的HLS/FLV视频流，可直接用于浏览器和移动端播放监控设备。设备具备4G/5G/Wi-Fi无线传输能力，可实现视频回放功能，支持通过时间、名称等检索，支持多路同步回放、全屏回放。系统可实现摄像头分组布局，多画面浏览功能，宜实现视频轮巡功能，能支持设置轮巡时间间隔，能支持多个摄像头显示顺序设置。系统可以实现通过互联网实现实时视频查看功能，端到端视频延时不大于3秒，图像分辨率不小于1280×720。系统可以实现通过移动端实现实时视频查看功能，端到端视频延时不大于3秒，图像分辨率不小于480×800，支持三码流、心跳、多客户端同时访问等功能，视频本地数据回放分辨率不应低于1280×720。

视频控制，系统可实现云台控制功能，可实现调节摄像头的旋转角度、镜头景深远近等；支持BMP/JPG图片手动或自动抓拍。数据存储，视频存储时间不应小于90天，支持图片、视频、数据分类存储，支持H264/H265混合编码，系统平台已实现视频备份功能。设备配置管理，宜实现设备IP地址配置功能，设备参数配置功能，设备初始化功能。权限管理，可实现访问权限设置功能，配置权限设置功能。联动报警，可实现监测和设备状态异常报警联动功能、提供自动识别功能，包括但不限于各类设备预警等。周界监管，施工现场的高危场所防止非法人员从非入口，擅自闯入设定的防区提示报警信息，提供精准的人车分类侦测，支持越界侦测，区域入侵侦测，进入/离开区域侦测。支持联动白光报警、支持联动声音报警。AI识别管理，结合工程项目的实际特点，强化视频监控的联动报警功能，利用AI技术进一步提升管理效能，对各种不合规行为和危险行为进行提前预警，大力提升现场管理的覆盖度、及时性。可实现自动识别安全隐患，自动识别现场安全问题(如未戴安全帽)。宜实现可自动识别未穿反光衣、区域入侵、明火烟雾、裸土覆盖、车辆冲洗等，宜实现智能联动实时联动广播等设备进行预警提醒，以便项目管理人员及时处理，减少安全损失。

9. 机械设备管理模块

机械设备管理功能模块内容包括：机械设备基本信息管理、机械设备维护保养及检查管理、塔式起重机安全监控管理、升降机安全监控管理等功能。

机械设备基本信息管理，系统可实现设备台账功能，记录机械设备的基本信息，包括设备名称、设备编号、进场时间、操作人员等。已实现电子标签、生成二维码或其他快捷唯一标识的功能。机械设备维护保养及检查管理，建立维护保养计划，包括保养时间、保养次数、保养人员等，按照保养计划对机械设备进行维护保养，预警功能，对维修保养的机械设备进行记录，并提供记录查询功能，宜实现可移动设备轨迹记录功能。塔式起重机安全监控管理，建立维护保养计划，包括保养时间、保养次数、保养人员等，将按照保养计划对塔式起重机进行维护保养。可实现对操作人员的在线生物识别管理、吊钩可视化、监测数据实时无线传输功能，实现数据统计、分析、检索、预警功能。升降机安全监控管理等功能，建立维护保养计划，包括保养时间、保养次数、保养人员等，将按照保养计划对升降机进行维护保养。实现对操作人员的在线生物识别管理、自动记录运行数据及预警数据、监测数据实时无线传输功能，实现数据统计、分析、检索功能。

6.2 案例汇编

6.2.1 克拉玛依市智慧工地建设

1. 克拉玛依区人力资源服务产业园区建设工程

克拉玛依市克拉玛依区人力资源服务产业园区建设工程，建筑面积约92 000平方米，建设单位为克拉玛依区人力资源和社会保障局，施工单位为永升建设集团有限公司，监理单位为新疆天麒工程项目管理咨询有限责任公司，2022年11月10日开工建设，计划2023年11月30日竣工验收。该工程项目创造性地将智能化、数字化的施工管理纳入工程项目生产全周期当中，推动施工现场可视化管理、安全生产智慧管理、绿色施工在线监测管理等功能应用，增强对现场的管控力度，积极探索将BIM技术转化为真正的生产力的方式，利用云数据大平台，打通沟通壁垒，实现项目部决策和现场施工融为一体，探索出一条符合项目实际、提升生产效率的BIM技术应用之路，将项目打造成信息化应用标杆项目。该工程智慧工地驾驶舱如图6-1所示。

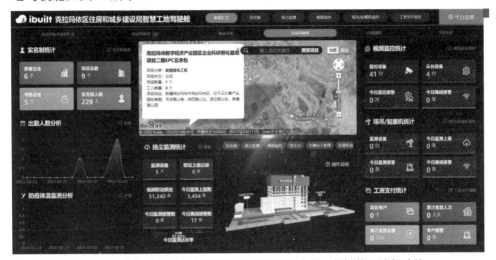

图6-1　克拉玛依区人力资源服务产业园区建设工程智慧工地驾驶舱

2. 克拉玛依市中心城区停车场建设项目（二期）如意苑南停车场项目

克拉玛依市中心城区停车场建设项目(二期)如意苑南停车场，建筑规模12 205.89平方米，施工许可证号：650203202007140101。项目采用了中国电信智慧工地平台，平台总体架构设计分为三个层面：政府一监管层，作为平台的综合监管层，对工地的应急调度、研判分析、各平台间的互相联动、数据中心、企业信息数据库、工人信息数据库、诚信体系等协同管理；企业一项目管理层，实现班组管理、资料管理、设备管理、通过劳务实名制、环境监测、视频监控、重型机械监测实现对施工企业协同管理；工地监管层，通过对人(人脸识别、访客识别、体温监测)、机(设备信息管理、特种设备管理)、料(仓储管理)、法(人员安全、设备安全、环境安全)、环(环境监测)5个方面监管实现过程模拟、风险预见、进度控制等。项目配置了5台施工现场摄像机，1套人脸识别+身份证比对系统及1套扬尘监测(泵吸9项)，实现了对施工现场的实时监控、人员动态管理、环境指标监控，为所有工人记录实名制，为工人的考勤提供依据，获取工人真实数据，有效核实认定劳动关系、为工程建设方节约了管理成本，提高了管理水平。

克拉玛依市目前部署的智慧工地平台已经纳管13家建筑企业，在建项目19

个，实名制作业工人1389人，接入现场监测设备118台，实现了对工地上人、车、施工设备、环境指标的有效监管，实现了施工现场安全生产风险的信息化管理和控制，如图6-2所示。

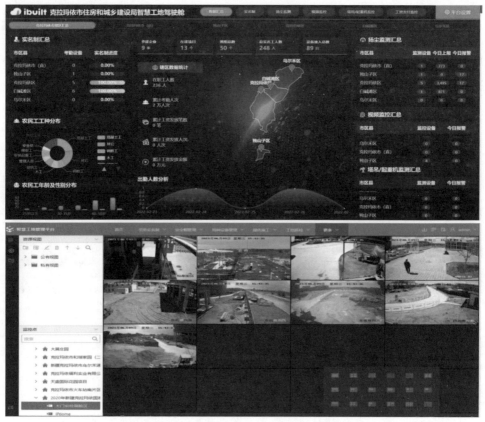

图 6-2　克拉玛依市智慧工地平台界面

6.2.2　哈密市智慧工地建设

哈密市盛都·阿牙御城(阿牙路以北片区)小区住宅楼建设项目位于哈密市伊州区阿牙路以北，该项目通过在工地现场安装监控及检测设备，实现了对施工现场的实时监控、人员动态管理、环境指标监控，监管部门通过平台实时监管到工程的施工、环保、人员等情况，通过领导驾驶舱，能快速对在建工程进行整体分析研判，辅助领导决策。哈密市在建工地部署智慧工地平台进行施工监管，目前纳管7家建筑企业，在建项目8个，实名制作业工人11 264人，接入现场监测设备48台，实现了对工地上人、车、施工设备、环境指标的有效监管，如图6-3所示。

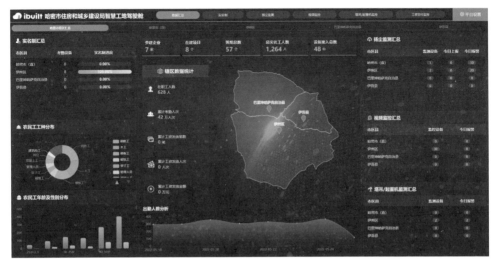

图 6-3 哈密市智慧工地平台界面

6.2.3 喀什市智慧工地建设

喀什市中石·玉龙湾项目，位于喀什市东城区。通过智慧工地建设，实现了工人实名制管理，帮助施工企业全程安全施工，为所有工人记录实名制，为工人的考勤提供依据，获取工人真实数据，有效核实认定劳动关系、减少群体事件的发生，从而维护社会稳定。喀什地区在建工地部署智慧工地平台进行施工监管，目前纳管5家建筑企业，在建项目5个，接入现场监测设备65台，实现了对工地上人、车、施工设备、环境指标的有效监管，如图6-4所示。

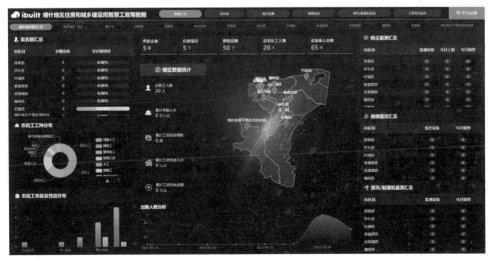

图 6-4 喀什市智慧工地平台界面

6.2.4 和田市智慧工地建设

和田市金诚广场建设项目，位于和田地区和田市乌鲁木齐北路560号，工地建设将信息管理平台、智能技术、智能设备广泛应用到建筑工程施工现场中，创新工程管理模式，构建覆盖"建设主管部门—企业—工程项目"三级联动的"智慧工地"管理体系智慧应用设备与子系统均与市"智慧工地信息管理平台"互联互通。项目具备门禁刷卡刷脸智能设备，并有效应用于项目人员管理；具备扬尘监控智能设备，并有效应用于项目文明施工管理；具备远程视频监控智能设备，并有效应用于项目施工管理；具备施工升降机驾驶员身份识别智能设备，并有效应用于项目施工设备管理；应用危大工程管理子系统，有效开展项目危大工程动态管理。

6.2.5 奎屯市智慧工地建设

奎屯市住建局于2020年3月联合联通部门摒弃之前的数字化工地平台，并且结合实际基层工作流需求，上级监管部门职能与需要，重新建设了打造数字化工地监管系统，新系统贴合真正传输抄送监管业务流程、建立了高效远程指挥工作体系、上行部门检查体系、硬件物联网管理体系。新的数字化工地监管系统主要包括以下五种系统。

(1) 实名制考勤管理系统。通过平台对关键岗位人员及工人基本信息完成录入，对到岗情况进行实时监测，能实现对人员考勤数据的综合分析，并支持对考勤人员进行体温监测联动，确保将施工现场人员管住管好，将考勤管理与管理人员履职及诚信管理挂钩。同时，作为施工工地工人出勤证明，为薪资发放提供依据，通过劳务人员实名制管理、人员进出管理、考勤工时管理，解决农民工工资纠纷问题。

(2) 监控管理系统。通过对现场的多方位实时监控、历史回放、远程访问，可以足不出户，轻松解决施工场地人多不易管理问题，施工现场的安全与进度得到了保障。奎屯智慧工地监控界面如图6-5所示。

图 6-5 奎屯智慧工地监控界面

(3) 工程项目库管理系统。将工期与工程实物、成本、资源配置等统一，为安排决策提供有力依据，实现高效工程活动。

(4) 环境检测系统。通过噪声和扬尘监控，提供动态预警，有效加强工地环境管理。

(5) 塔机黑匣子+吊钩可视化监测系统。随着建筑技术的发展，数百米高的建筑物已很普遍，塔吊司机(以下简称"塔司")在高处很难凭借视力看清地面被吊物和周围的情况。另外，随着建筑物的密度越来越高，塔司视线被建筑遮挡，不能看到需要遮挡的物体是常有的情况。这种情况下，塔司完全依靠引导员的指令操作，工作效率低，还会因引导员的失误或通信障碍造成安全事故。塔机黑匣子+吊钩可视化监测系统不但解决了盲区、安全、效率问题，还能够保存吊钩的位置和吊钩周围情况的视频，并能够连接网络把实时和历史视频传输到任何地方。还可以对起重机正常工作、满载、超载、变幅超上限、变幅超下限等工作状态做出指示并相应报警、提示，以保证起重机械的正常工作。通过对塔机变幅和起升高度实时监测，自动计算幅度和高度的距离，自动变焦，实现对吊钩运作画面的智能追踪，自动控制高清摄像机自动聚焦、360°无死角追踪拍摄等功能危险状况实时可见，从而杜绝盲吊，降低隔山吊安全隐患。

6.2.6 伊宁市智慧工地建设

伊宁市于2018年启动伊宁市智慧工地平台建设，通过运用物联网、云计算、移动互联网等先进技术，构建"政府部门－参建企业－工地现场"三级管理体系。基于"总体规划，分步实施"的工作思路，着力打造通过可视化监控、扬尘噪声检测、劳务实名制管理的数字化管理平台。3000平方米以上的工地必须安装实名制系统、监控系统、扬尘监测系统，3000平方米以下工地需注册智慧工地平台账号。现伊宁市智慧工地平台共计接入工地152个，注册企业156家，实名制共计录入人员29 116人，其中管理人员2556人，劳务人员26 560人。建设智慧工地平台，伊宁市采取了以下四种措施。

(1) 制定智慧工地建设流程。为推动建设工程高质量发展，提高施工现场管理水平，推进和规范智慧工地建设，根据新疆维吾尔自治区要求，贴合伊宁市建筑工地管理实际情况，确保2022年伊宁市智慧工地的上线率和使用率，2022年3月制定了统一的流程，并在行业内公示。

(2) 日常监管工作流纳入智慧平台。现伊宁市智慧工地平台已实现对在建工地实名制考勤理、监控远程查看、扬尘远程监测等功能。平台根据伊宁市住建局现有实际情况增加工地整改通知管理、中止-恢复施工安全监督、脚手架拆除管理、工作流程等功能。充分利用信息化手段提升主管部门的监管水平，监管模式从"被动应对"转变为"动态监控"、从"事后追责"转变为"事前预防"，实现对工程建设行业的信息化、智能化、规范化监管。

(3) 新增疫情复工审核模块。2020年因疫情影响，按伊宁市防疫指挥部要求，避免工地在开复工报送资料时人员在行业部门过于集中，因此，在2020年，平台新增疫情复工申请功能，开复工企业需通过平台提供相应的复工资料，通过相关部门审核后方可复工。

(4) 实行线上线下双巡查。建成远程视频监控系统，将建筑工程施工现场视频监控信息通过网络传输到企业和建设主管部门，对工程质量安全进行全方位实时管控；建成城乡建设生态环境监测，针对土石方、爆破等扬尘、噪声污染较重的施工阶段或部位，试点设置扬尘、噪声监测点，实时采集有关监测数据，按需采集监测点影像资料，并开展大数据关联分析，为生态环境保护决策、管理和执法提供数据支持。在项目管理人员的实名制考勤管理方面，企业在智慧工地平台注册完项目后，在该项目下通过实名制考勤机录入项目管理人员信息，包括人员现场拍照，身份证核验。人员信息录入后，所有人员必须通过工地进出口的实名制考勤闸机进行人脸识别方可进出工地，并形成该项目的人员考勤记录，该考勤记录均在智慧工地平台上实时展现。监管部门可每周通过智慧工地平台中的实名制考勤系统调取考勤报表，对于考勤不达标的项目管理人员，通过平台下达整改通知单的方式责令整改。每月对考勤不达标的项目及项目管理人员，在伊宁市建筑行业内公开通报，并扣除相应信用分值。

第7章

历史文化名城名镇名村建设

7.1 自治区城市运行管理服务平台历史文化名城名镇名村建设概况

7.1.1 建设背景

历史文化名城名村名镇作为历史文化的载体，是历史留给人们的宝贵物质和精神财富。随着时光的流逝，历史文化名城名镇名村的历史价值逐渐显现出来。20世纪90年代以来，历史文化名镇旅游脱颖而出，成为中国农村经济结构转型中出现的一个亮点和旅游产业开发的新方向。开发出丰富的旅游产品，可以在宣传城市文化的同时，为城市带来可观的经济收入。历史文化名城名镇名村更是我国遗产保护体系的重要组成部分。近年来，党中央、国务院对名城名镇名村保护工作高度重视，社会公众与舆论对保护工作的关注度也逐步提升，保护管理的技术性需求与历史文化资源的展示性需求与日俱增。保护和整治国家历史文化名城名镇名村，发挥其历史文化资源的特色优势，充分展示自然与历史文化特色，将历史文化名城名镇名村建设成经济、社会、文化协调，可持续发展的共同体。

截至目前，国务院已公布国家历史文化名城134座，住建部和国家文物局共公布中国历史文化名镇312个、中国历史文化名村487个。其中，新疆维吾尔自治区有5座国家历史文化名城，6座自治区历史文化名城，3个中国历史文化名镇、1个自治区历史文化名镇，4个中国历史文化名村、1个自治区历史文化名村。此外，现存历史文化街区32片，历史建筑560栋。

合理地管理和保护历史文化名镇名村，可以有效改善当地居民的生活环境和历史文化环境，推进旅游业可持续快速健康发展，并快速有效带动本地的就业和居民收入，提升人民生活质量、带动相关产业发展，具有良好的经济、社会环境效益。但现阶段，我国尚未建立起一套覆盖全国范围、标准统一、可持续更新的数据平台与信息管理系统，全国层面的城乡文化遗产保护数据与基础信息资源也尚无统一的管理标准与数据格式，海量的信息无法有效整合与应用。国家历史文化名城和中国名镇名村的保护管理与信息化统计是一项系统性工程，基于全国国土空间尺度、全要素数据统计范畴和综合性保护管理职能的国家名城名镇名村的保护监管信息系统的建设势在必行。

2019年，住建部建设了国家历史文化名城和中国名镇名村保护监管信息系统，对国家名城名镇名村资源进行监督管理，新疆维吾尔自治区的历史文化名城名镇名村相关数据已按要求逐级录入该系统。

2021年1月，住建部办公厅下发《关于进一步加强历史文化街区和历史建筑保护工作的通知》(建办科〔2021〕2号)，要求充分认识历史建筑保护的重要意义，加快历史建筑的测绘建档工作，开展历史建筑信息的数字化采集工作，建立数字档案，鼓励探索历史建筑数据库与城市信息模型CIM平台的互联互通。

2021年9月，中共中央　国务院印发《关于在城乡建设中加强历史文化保护传承的意见》，进一步明确要着力解决城乡建设中历史文化遗产屡遭破坏、拆除等突出问题，加强制度顶层设计，统筹保护、利用、传承，坚持系统完整保护，既要保护单体建筑，也要保护街巷街区、城镇格局，还要保护好历史地段、自然景观、人文环境。要强化各级党委和政府在城乡历史文化保护传承中的主体责任，统筹规划、建设、管理，加强监督检查和问责问效。

7.1.2　建设目标

历史文化名城名镇名村管理信息系统以构建全疆范围的名城镇村数据的"一张图"为总目标，建立起一套覆盖全疆范围、标准统一、可持续更新的数据平台与信息管理系统，制定录入全疆层面的城乡文化遗产保护数据与基础信息资源统一的管理标准与数据格式，可以实现对海量的信息进行有效整合与应用，实现新疆名城名镇名村资源的动态化与精细化管理、数据化操作、信息及时披露与共享。以构建全疆范围的名城镇村数据的"一张图"为总目标，通过标准化、体系化和模块化的框架设计，实现全疆历史文化资源的信息化展示与管理，支撑名城镇村的保护监管与相关业务职能。采用可拓展的技术框架，最大程度地适应复杂多样化的政策环境与管理需求，为未来新模块功能构建和新技术应用提供了丰富的可能性，为进一步融入部门管理与市场化应用奠定好框架基础，实现新疆名城名镇名村资源的动态化与精细化管理、数据化操作、信息及时发布与共享。

7.1.3 建设内容

系统框架设计针对不同使用权限分为管理、公众两大板块。其中，管理板块主要涵盖信息统计、动态监测、行政管理、科研教育、重大专项五大核心功能，公众板块突出名城镇村的资源展示和共享，总体旨在构建基于名城镇村保护监管、日常监测、数据分析以及动态反馈的"全周期"体系构架。系统建设遵循"标准统一、分层分级、安全稳定、操作便捷、动态扩展"的原则，研发与建设过程中将根据名城名镇名村保护需求对具体功能进行扩展。

系统纳入了国家历史文化名城、中国历史文化名镇名村、中国传统村落、中国历史文化街区等历史文化资源点位信息及基础信息。数据类型包括属性信息、CAD数据、影像数据、倾斜摄影数据、保护规划、图元信息等。数据的录入采用国家最新坐标系，并制定了数据采集与录入标准。

1. 信息统计与多维分析

信息统计与多维分析是该系统建设研究的一项基础性功能，支持对全疆国土范围内名城名镇名村信息进行多层级、多维度及综合性的展示、查询和统计分析，有助于推进全疆名城镇村体系的"一张图"可视化表达，并进行快速定位与查询。新疆历史文化名城名镇名村系统信息统计与多维分析界面如图7-1所示。

图7-1　新疆历史文化名城名镇名村系统信息统计与多维分析界面

名城空间"全要素"信息展示与分析依照统一的数据录入标准，针对历史文化名城保护的不同层次进行数据展示与分析，分别包含市域、历史城区、历史文化街区三个空间层级，对名城保护体系现状进行了多层次"全要素"的展示与管理。名城中的重要保护与管理要素，如保护区划、文物、历史建筑、历史街巷等均为"矢量"要素，可进行选取、编辑等操作，有助于进行细化分析。同时，通过选定空间层次或范围内的数据或图片，支持数据统计导出与报表的快速创建，支撑管理部门的相关业务需求与科研需求。

2. 动态监测与识别

利用空间识别与大数据技术支撑名城名镇名村日常巡查、监测管理与动态评价等管理业务。集成动态监测领域的相关技术，应用于名城镇村的日常保护管理与动态监管督查等工作中，为名城镇村的精细化管理提供有力的技术支撑。

历时监测与实时监测：历时监测主要利用同一区域多期高清正射影像与数据资源的对比来实现监测管理，其优势在于更为快速、直观地反映一定时段内的资源变化情况。例如，历史文化街区内历年建设情况和周边环境变化情况，可以通过监测系统的图斑比照识别，识别出拆除、新建、改造以及自然环境破坏等行为，为名城保护监管、评估提供依据。实时监测将利用摄像头、成像仪等设备进行实时动态监控，多用于重要历史地段、历史建筑的实时监控，便于及时掌握人口流动情况、建筑受损情况等。

(1) 保护规划叠合。保护规划是历史城镇、地段保护监管的主要法定依据。通过对已批复的保护规划图纸调取、图纸与高清影像底图的叠加对比等手段，对保护管理要求与现状情况进行对比，辅助保护管理与相关分析判断。

(2) 三维监测。三维监测利用倾斜摄影技术，快速、高效地生成高精度三维点云模型，并进行实景渲染，以最直观、真实的展现方式进行监测管理。重点针对历史文化街区及其周边环境、重要历史建筑、街区保护范围内的建筑风貌和建筑高度进行多维度的监测和识别。在三维监测的同时，还可实现建筑高度、面积测量、可视域等分析功能。

(3) 街景监测。街景监测与百度地图街景功能相融合，可随时浏览名城名镇名村范围内重要街巷的全景图，便于及时调取、观测现场情况。

3. 行政业务辅助管理

行政业务辅助功能主要以标准统一、系统全面的全疆范围数据库为基础，结合网络在线办公、云服务等技术，辅助名城镇村相关主管部门的业务管理职能，可以涵盖名城名镇名村的申报评选、规划备案、资金管理、法规浏览等行政业务工作。

4. **科研教育与宣传推广**

科研教育与宣传推广功能是促进公众认知、参与名城名镇名村保护工作的重要窗口。在研究设计框架中，通过发布有关名城镇村保护的重要会议视频、在线培训课程、行业资讯动态等内容，促进保护领域的信息推广。

5. **重大专项支撑**

为自治区层面的一些重大专项工作提供技术服务接口，拓展信息系统的服务与技术支撑能力。例如，结合历史文化街区划定和历史建筑确定工作、名城体检评估等专项工作进行数据与技术服务支撑。

6. **公众参与和监督**

通过构建公众电子问卷调研、公众实时评价、公众投票、违法行为举报等功能，为社会大众提供名城镇村保护的实时参数。

7.2 案例汇编

7.2.1 克拉玛依市独山子区历史建筑建设

1. **基本概况**

新疆维吾尔自治区克拉玛依市飞地独山子区地处天山北麓，准噶尔盆地西南边缘，南屏天山，北隔312国道与奎屯市毗邻，西邻乌苏市，东与沙湾县接壤。独山子地名来源于区境内的独山，独山呈东西走向"一"字形，因不与其他山体相连，独立于戈壁中而得名。在维吾尔语和哈萨克语中，称独山子为"玛依塔克"和"玛依套"，意思是"油山"。独山子是我国石油工业的发祥地之一，保留有新疆第一口油井遗址、中苏石油股份公司办公旧址、石油工人俱乐部(如图7-2所示)等具有典型苏式建筑风格的历史建筑。

图 7-2　独山子区石油工人俱乐部

按照属性信息、CAD数据、影像数据、倾斜摄影数据、保护规划、图元信息等信息录入规则将历史建筑信息录入系统，实现独山子区历史建筑资源的动态化与精细化管理、数据化操作、信息及时披露与共享，实现独山子区名城镇村数据"一张图"的总目标。通过标准化、体系化和模块化的框架设计，实现独山子区历史文化资源的信息化展示与管理，支撑独山子区名城镇村的保护监管与相关业务职能。

2. "全周期"体系构架

对克拉玛依市独山子区，构建基于名城镇村保护监管、日常监测、数据分析以及动态反馈的"全周期"体系构架。遵循"标准统一、分层分级、安全稳定、操作便捷、动态扩展"的原则，研发与建设过程中将根据独山子区名城名镇名村保护需求对具体功能进行扩展。

系统纳入国家(自治区)历史文化名城、中国(自治区)历史文化名镇名村、历史文化街区、历史建筑等历史文化资源点位信息及基础信息。数据类型包括属性信息、CAD数据、影像数据、倾斜摄影数据、保护规划、图元信息等。数据的录入采用国家最新坐标系，并构建数据采集与录入标准。

3. 主导技术应用

该系统研究采用了B/S架构，融合WebGL技术，实现在网页端浏览与操作独山子区的历史建筑信息，突出实用性与便捷性，如图7-3所示。功能应用上，利用GIS、RS、倾斜摄影、二三维一体化等技术丰富名城名镇名村保护与监管的手段。数据管理上，通过多源数据聚合、时空数据管理以及空间数据库技术的应用，确保数据的高效存储、处理与管理。

整体架构	功能应用	数据管理
• B/S架构 • WebGL技术 • ……	• GIS • RS • 倾斜摄影技术 • 二三维一体化	• 多源数据聚合 • 时空数据管理 • 空间数据库技术

图 7-3 独山子区历史建筑平台系统架构

4. "全要素"信息展示与分析

独山子区依照统一的数据录入标准，针对国家名城保护的不同层次进行数据展示与分析，分别包含了市域、历史城区、历史文化街区三个空间层级，对独山子区名城保护体系现状进行了多层次"全要素"的展示与管理。名城中的重要保护与管理要素，诸如保护区划、文物、历史建筑、历史街巷等均为"矢量"要素，可进行选取、编辑等操作，有助于进行细化分析。

5. 动态监测与识别

将空间识别与大数据技术应用于独山子区名城镇村的日常保护管理与动态监管督查等工作中，为名城镇村的精细化管理提供有力的技术支撑。独山子区城市建筑模型如图7-4所示。

图 7-4 独山子区城市建筑模型

历时监测主要利用同一区域多期高清正射影像与数据资源进行对比来实现监测管理，其优势在于更为快速、直观地反映一定时段内的资源变化情况。对独山子区历史文化街区内历年建设情况和周边环境变化情况，可以通过监测系统的图斑比照识别，认定出拆除、新建、改造以及自然环境破坏等行为，为独山子区名城保护监管、评估提供依据。

实时监测将利用摄像头、成像仪等设备进行实时动态监控，多用于独山子区重要历史地段、历史建筑的实时监控，便于及时掌握人口流动情况、建筑受损情况等。

7.2.2 伊犁州特克斯县历史文化名城保护、城市特色风貌塑造及生态文明城市建设

伊犁州特克斯县是新疆维吾尔自治区伊犁哈萨克自治州下辖县，地处伊犁河上游的特克斯河谷地东段。县城距伊宁市116千米，距乌鲁木齐815千米。特克斯县城是中国唯一建筑完整而又正规的八卦城，如图7-5所示。2008年经国务院批准为第四批历史文化名城。2020年，被生态环境部授予第四批国家生态文明建设示范市县称号。为建设特克斯县历史文化名城保护、城市特色风貌塑造及生态文明城市，坚持以下三点原则。

图7-5　特克斯县八卦城夜景

(1) 坚持高起点规划，精准保护历史文化名城。以自治区国土空间规划试点

县为契机,以国土空间规划为总纲、城镇总体规划为引领、控制性详规为支撑、历史文化名城保护规划为重点,严守"五线"规划原则(即:紫线保护历史建筑和古树名木、红线控制城区建筑高度、绿线控制绿化用地、蓝线控制县域水系、黄线控制重大基础设施用地影响范围),坚决执行《特克斯县历史文化名城保护规划》《特克斯县城市总体规划》等11个专项规划,推进旅游、文化、城建融合发展,统筹加强老城保护、推进新城建设,历届班子一张蓝图干到底,初步形成了布局合理、功能明确、兵地融合、生态良好、设施完善、发展协调的城市空间,规划引领城市发展的效力日益凸显。

(2) 坚持高标准建设,精心塑造城市特色风貌。坚持"人民城市人民建、人民城市人民管"的理念,保护历史文化遗存,延续城市文化脉络,努力创造宜居宜业宜游的良好环境。突出文化传承,丰富城市内涵。坚持以现代文化为引领,突出文化润疆,把易经、草原、乌孙等文化核心元素贯穿城市建设全过程,相继打造了离街、易经文化园、太极坛、太极眼、馕文化园、亲水公园等一批特色鲜明的城市业态,充分展示"世界喀拉峻·中国八卦城"秀美形象。突出以人为本,完善基础设施。五年累计投资30.1亿元,优化城市路网28公里,铺设综合管网28公里,实施棚改安居10 677户,新增城区绿化131.8万平方米、楼体亮化4.32万平方米、街区硬化51.8万平方米、城市美化25.3万平方米,实施沿街楼宇风貌改造180栋。结合推进棚改和老旧小区改造,今年筹措资金10.4亿元,实施城市管网建设、背街小巷改造等34个项目,完成环岛街景40处、城市小品建设82处,基础设施不断改善,为全面实现"无红绿灯城市"奠定了基础。突出精细服务,强化城市管理。坚持"党委领导、政府负责、部门联动、公众参与、法治保障"的城市管理体制,提出城市精细化建设管理理念,28名县领导带头落实"街长制",1600名机关干部包街联户、以身示范,450名环卫工人分街包片、全天保洁,实现了社会公众共同参与、全城净化,达到了城市管理共治共享的社会效果。

(3) 坚持高质量发展,精致建设生态文明城市。强化绿色发展,牢固树立"两山"理念,始终坚持"在保护中开发,在开发中保护"的原则,推进城市生态建设。实施"电气化特克斯"工程,累计拆除小型燃煤锅炉25台,全年空气优良率达99.4%;完成6个公园基础设施建设,占地面积达74.3万平方米,人均面积达16.1平方米;新建生态停车场11处,共计7.2万平方米;贯通城市景观水系3条16公里;城区绿地面积365.27公顷、绿地率42%。2020年,成功创建国家生态文明建设示范县、全域旅游示范区、获得"中国气候康养地"等国家荣誉称号。强化产城融合,始终把"+文旅"贯穿于城市开发建设的全过程,积极推动兵地产业协同协作。投资0.8亿元提升城市亮化水平,以夜间文化演艺为依托,打造夜间消费"文化IP"。持续规范提升576家民宿、农家乐、夜市等经营水平,丰富美食、购物、家访、观光、体验等城市旅游业态,打造夜间网红打卡地,推动城市经济发展。

第8章

城市运行管理服务平台存储

8.1 自治区城市运行管理服务平台存储情况

8.1.1 建设背景

传统单服务器的分布式存储系统很难满足城市运行管理服务平台对实时性的要求，使用云存储技术，可以有效提高数据的访问速度。

云存储是在云计算概念上延伸和发展出来的，是指通过集群应用、网格技术或分布式文件系统等功能，将网络中大量不同类型的存储设备通过应用软件集合起来协同工作，共同对外提供数据存储和业务访问功能的系统。当云计算系统运算和处理的核心是大量数据的存储和管理时，云计算系统中就需要配置大量的存储设备，此时系统转变成为云存储系统。因此，云存储是一个以数据存储和管理为核心的云计算系统，是云计算中的核心研究领域。云存储具有低成本、可扩展、透明地支持基础能力和高峰负荷等特征，这些特征使得云存储得到了越来越广泛的关注和运用。用户使用云存储，并不是使用某一个存储设备，而是使用整个云存储系统带来的数据访问服务。所以，严格来讲，云存储不是存储，而是一种服务。就如同云状的广域网和互联网一样，云存储对使用者来讲，不是指某一个具体的设备，而是指一个由许许多多个存储设备和服务器所构成的集合体。云存储的核心是应用软件与存储设备相结合，通过应用软件来实现存储设备向存储服务的转变。

8.1.2 建设内容

自治区城市运行管理服务平台信息系统部署主要分为互联网区和电子政务外网区，互联网区部署的应用主要实现面向相关行业信息系统的日常信息上报、采集、查询，通过部署Web服务器、数据采集服务器、前置文件服务器、前置数据库服务器，实现面向互联网的数据采集和Web访问代理，同时通过安全隔离网关(由自治区信息中心统一建设)实现与电子政务外网区的数据同步，在保证正常业务运营的同时，实现与电子政务外网区的安全隔离。

自治区城市运行管理服务平台项目信息系统核心应用部署于电子政务外网区。根据业务特点，需部署面向政务用户的Web服务器、前置数据交换服务器(负责互联网区与电子政务外网区数据交换)、区域数据交换服务器(负责数字城管、社区、市政公用、市容环卫、园林绿化、城市管理执法数据交换)、文件服务器、数据库服务器、搜索服务器、缓存服务器、应用服务器、备份数据库服务器等主机。

对于数据存储方面，根据对数据量指标的分析，自治区城市运行管理服务平台信息系统涉及的结构化数据及非结构化数据量相对较小，本期项目依托自治区信息中心政务云现有硬件资源平台满足数据存储需求，需要总体存储空间22.5TB，并且可根据平台的实际业务量的增长实现云存储的弹性扩容。自治区城市运行管理服务平台数据存储模块如图8-1所示。

图8-1 自治区城市运行管理服务平台数据存储模块

8.2 案例汇编

8.2.1 新疆政务服务中心健康码云业务

2022年1月，新疆政务服务中心实现了健康码业务的云上灾备。天翼云在接到任务的第一时间快速响应，当天成立健康码平台保障专班，在4天内完成了5000核虚拟机、25台裸金属服务器、200T存储的资源调拨与开通，协助厂家在10天内完成健康码平台主备架构的搭建。在15天内初步实现了健康码平台业务无感知切换与高等级容灾。

8.2.2 新疆全民健康云平台

新疆全民健康平台实现了总体系统应用上云。天翼云协助各平台应用厂家先后对计划生育平台、疫苗数据库、县域医共体、远程医院等30个核心业务系统进行云化改造与部署。目前，各平台持续稳定运行中。

8.2.3 克拉玛依市云存储

1. 云计算产业园

克拉玛依市城市运行管理服务平台相关系统应用均存储在克拉玛依市云计算产业园。克拉玛依云计算产业园成立于2012年11月，位于克拉玛依市西南方，起步区规划面积3.5平方公里。园区重点承接云计算、大数据、物联网、人工智能、地理信息、智能制造等数字经济企业落地。作为自治区"天山云谷"的核心基地，2013年正式开园，2014年，园区建设项目被列为国家重大工程，累计落户企业及重点项目130余个。其中高新技术企业8家，规上企业6家，新三板上市企业3家，企业累计获得专利177件，软件著作权405项。园区已先后建成并投用华为云服务数据中心、中国石油数据中心(克拉玛依)、新疆维吾尔自治区灾备中心、中国移动(新疆)数据中心、碳和水冷数据中心等大型数据中心，机架规划能力近3万架，其中已建成1万余架，且有7000余架已具备使用条件，平均使用率达72%。数据中心规模和能力位居西北前列，并具备了向丝绸之路经济带沿线城市提供云服务的能力。

2. 电信公司云存储

中国电信是国内领先的大型全业务综合智能信息服务运营商，是建设网络强国和数字中国的国家队和主力军。中国电信股份有限公司克拉玛依分公司下设独山子、白碱滩、乌尔禾3个县级分公司，面向克拉玛依市场提供移动通信服务、固网及智慧家庭服务、云服务、物联网服务、产业数字化等服务。2020年，中国电信克拉玛依分公司与自治区灾备云中心达成战略合作，强强联手，在克拉玛依市云产业园联合建设的中国电信天翼云(克拉玛依)基地投入使用克拉玛依云中心。机房标准为A级，拥有丰富的高速骨干网带宽资源，配有24小时运管团队,在电力保障、安保消防系统、运营监管、技术支持方面能力突出。主要面向社会各界提供全业务云网服务。2022年3月,中国电信天翼云基地(克拉玛依)二期竣工交付。本期建设主要面向党政军警、行业用户提供云主机产品供给能力。天翼云基地的云4.0产品是中国电信自主研发的以一体化全栈方式交付的云服务平台,可以根据客户业务需求,在中国电信IDC机房或者客户机房,为客户构建计算/存储/网络资源、平台统一管理的云计算服务,从而满足用户资源、安全隔离、特定性能及高可靠性等业务需求。同时,还可以服务和软件定义的方式为用户提供服务。具体实现上,选用当前以OpenStack为代表的开源云计算架构,可提供包括计算、存储、网络等IAAS资源、PAAS类、安全等丰富的产品能力。云管理平台统一接入多种异构云平台,提供云基础服务、运营(运维)服务、用户自服务,主要包含统一认证、权限管理、计量计费、统一资源管理、工单管理和运维监控等。

3. 政府云桌面

克拉玛依市已积极推动政府云桌面使用,重点解决办公计算机设备老旧,设备采购资金占用过多,以及应用站点分散,运维人员不足,运维管理不便等问题。依托云产业园的云算力以及云存储,大力推广使用了云桌面。目前,政府云桌面已在相关委办局、社区安装使用,得到了工作人员的认可。

8.2.4 吐鲁番市信创云桌面

吐鲁番信创项目主要由吐鲁番电信公司建成信创云桌面资源池,提供云桌面服务。云资源池规模支持2000台(CPU4核、内存8G和存储256G)云桌面,服务器芯片采用鲲鹏920,操作系统采用麒麟系统,云化软件由中国电信自主研发且通过国家工业信息安全发展研究中心测试。信创云资源池通过等保2.0三级测评,能够实现数据的安全可控。目前,吐鲁番各级政府电脑终端将以政府购买服务方式替换为云桌面。替换工作完成后,可以极大减轻政府单位维护人员工作压力,同时减少政府在维护工作中的人力投入,降低人工成本。